노동 가치 탐구

이 저서를 아버지와 어머니께 바친다.

지식과 세상 **6**

노동가치탐구

The Inquiry into the Labor Value

『자본』 제1권, 1, 2, 3장에 대한 주석

김영용 지음

도서출판 **참**

지식과 세상 ⑥

노동가치탐구
The Inquiry into the Labor Value

『자본』 제1권, 1, 2, 3장에 대한 주석

초판1쇄 인쇄 2022년 12월 23일
초판1쇄 발행 2022년 12월 28일

지은이 | 김영용
펴낸곳 | 지식과세상 사회적협동조합
주소 | 대구시 수성구 수성로 334
전화 | 053) 287-3339
편집디자인 · 출판 | 도서출판 참 053)256-6695

ⓒ 김영용 2022
ISBN 979-11-87023-27-2
책값은 뒤표지에 있습니다.

'작은 책' 기획시리즈 발간에 부쳐

우리에게 디지털 시대에 적응하는 순발력도 긴요하지만, 넘치는 정보의 심층과 맥락을 해독하는 지적 안목도 여전히 절실하다. 지금은 평생토록 공부하는 '학습사회'다. 이런 지적 안목과 학습능력은 일차적으로 책 읽기를 통해서 길러진다. 우리가 책을 읽는 것은 결국 자신을 해독하는 과정이다. 삶이 앎으로 엮인 책들이 모여 세상은 그만큼 좋은 쪽으로 바뀐다.

이런 취지에서 사회적협동조합 〈지식과세상〉은 '읽고 쓰기'의 틈새를 메우는 '작은책' 시리즈를 기획했다. 그 첫 번째 기획으로 김윤상 선생님(경북대 명예교수)의 『토론으로 찾아가는 이상사회』(2021.01)를 냈다. 두 번째로 양승영 선생님(경북대 명예교수)의 『어느 지질학자의 삶과 앎』(2021.06)을 출판했다. 이어 서종문 선생님(경북대 명예교수)의 『우리문화와 판소리』(2021.07)를 냈다. 네 번째로 박찬석 선생님(전 경북대 총장, 지리학)의 『사막 · 석유 · 테러

이슬람의 나라들』(2021.12)을 냈다. 이번에는 김민남 선생님(경북대 명예교수, 〈지식과세상〉이사장)의 『교육은 교육전문가에게, 왜 그래야 하는데』와 김영용 선생님(경북대 강의교수)의 『노동가치 탐구』를 기획·발간한다. 〈지식과세상〉은 이 '작은 책' 기획시리즈가 자라나는 세대에게 말이 글이 되고 글이 곧 삶이 되는 그런 창구로 활용되기 바란다.

이 책을 집필한 김영용 선생님은 경북대와 포스텍에서 경제학 강의를 하고 있다. 저자는 '정치경제학'을 공부하면서부터 인간의 사회적 실존 가능성을 깨치게 되었단다. 그는 대구 현대사상연구소(소장: 홍승용)에서 「자본론 다시읽기」에 참여해 『자본론』 이해를 다졌고, 그런 공부의 연장에서 자신의 첫 저서로 이 책을 냈다. 이 책의 집필을 발판삼아 저자는 앞으로 『자본론』의 완전한 주석서를 펴 낼 계획이다. 『자본론』은 능숙한 가이드의 주석 없이는 그 뜻을 파악하기 어려운 고전이다. 모쪼록 이 책이 『자본론』을 제대로 이해하는 가이드북으로 두루 읽혀지기 바란다.

2022년 12월

〈지식과세상〉사회적협동조합
'작은책' 편집위원장 김병하

『노동가치 탐구』 추천사

상품과 화폐를 다루는 『자본론』 제1권 제1편은 프랑스의 마르크스주의 철학자 루이 알튀세르마저도 건너뛰고 나중에 읽으라고 추천했을 만큼 난해한 것으로 악명높다. 그런데 그 "난해함"이란 복잡한 수식이나 개념을 이해하는 기술적 어려움이라기보다는 익숙하지 않은 사고방식을 따라가는 것의 어려움에 가깝다. 알튀세르의 경고와는 달리 얼핏 맹탕인 듯 읽히는 까닭이기도 하다. 특히 철학적 전통이 다른 주류 사회과학 교과서류에 길들여진 현대의 독자로서는 더더욱 그러할 것이다. 이러한 텍스트를 읽을 때 "백번 읽으면 그 뜻이 저절로 드러난다"는 식의 독서법은 해결책이 되지 못한다. 누군가 능숙한 가이드의 도움이 필요한 것이다. 이 책은 바로 그 역할을 솜씨 있게 수행한다. 깊은 곳에 날카로움과 유머를 숨겨두고 있는 지은이의 문체를 따라 읽는 것은 그 자체만으로도 바람을 넘어서는 즐거움이다.

류동민 (충남대학교 교수)

마르크스의 『자본론』에서 가장 난해한 부분인 가치론과 화폐론을 현대적 용어로 명료하게 해설하고, 이에 기초하여 오늘날 금융위기의 구조를 해부하고 포스트자본주의 대안을 구상한 이 책은 오늘날 자본주의와 고투하는 모든 분들께 유용한 통찰을 제공한다.

정성진 (경상국립대학교 교수)

● ● ● ● ●

이 책은 『자본』 제1권 제1편의 상품, 교환, 화폐에 대한 해설서이다. 저자는 『자본』의 내용 중 가장 난해한 부분에 해당하는 이들 개념의 이해를 돕기 위한 '사전 준비와 배경 지식'을 제공할 목적으로 이 책을 쓰게 되었다고 밝히고 있다. 사실 이 제1편은 마르크스가 자본주의 경제 운동법칙을 밝히는데 필요한 기초지식으로서 단순상품 유통에 대해 서술하고 있다. 그런데 이 기초지식의 내용 그 자체가 매우 어려울 뿐만 아니라, 자본주의 경제 운동법칙에 대한 이해가 없이는 그 의미를 파악하기도 쉽지 않다.

이 책은 이러한 상품, 교환, 화폐 그 자체를 보다 쉽게, 그리고 그것들이 어떻게 자본주의 운동법칙의 기초가 되는지를 올바로 파악할 수 있도록 하기 위해 다양한 방법과 지식을 동원하여 자세한 설명을 전개하고 있다. 설명 방법은 마르크스가 했던 것처럼 단순한 개념에서 복잡한 개념으로 개념의 발전을 진행시키고 있으며, 또 유물론적·변증법적 방법을 활용하여 단순상품 유통이 자본주의적 상품 생산과 유통으로 발전되어 나갈 씨앗을 준비하고 있음을 보이려고 하고 있다.

자본주의 경제의 운동법칙은 생산과 유통의 모든 경제활동이 사용가치의 증가를 통한 경제후생의 증대보다는 잉여가치의 생산과 증가를 통한 이윤과 축적의 증대를 목표로 하고 있다. 마르크스는 이러한 잉여가치의 생산과 실현이 등가교환의 상품유통에서 어떻게 이루어지는 지를 밝히기 위해 상품·교환·화폐의 개념으로부터 출발해 화폐의 자본으로의 전환과, 생산과정에서의 잉여가치 창출, 자본축적으로 분석을 확대해 나갔다.

이 책이 대상으로 삼고 있는 『자본』의 상품, 교환, 화폐의 설명은 아직 이러한 잉여가치의 생산과 자본축적 등의 자본주의 운동의 설명으로까지 나아가고 있지는 않다. 그러나 그러한 운동의 기초 구조와 운동 전개의 동력은 이들 개념과 이들 개념들로 구성되는 상품생산사회 속에 내재해 있어야 한다. 이것을 제대로 파악하는 것이야말로 『자본』 전체의 내용, 즉 자본주의 운동법칙의 이해를 위해 필수적이라고 할 수 있을 것이다.

이러한 점에서 이 책은 마르크스의 『자본』 제1권 제1편의 독자들에게 매우 큰 도움을 주게 될 것이다. 이 책이 상품, 교환, 화폐의 내용을 충실하면서도 풍부하게 설명하고 있고 또 이것들의 의미를 자본주의 경제의 운동법칙과의 연관 속에서 파악할 수 있도록 해설하고 있기 때문이다. 이 책은 가치와 교환가치를 설명하기 위해 『자본』에서는 충분히 설명되지 않았던 사회적 총노동의 배분, 가치법칙의 구성 명제들에 대한 자세한 설명을 추가하고 있다. 또한 화폐의 사적 노동에 대한 사회적 승인 역할을 강조하면서 이로부터 노동화폐 주장이나 세이의 법칙과 화폐수량설의 주장의 부당성을 보여주고 있다.

또한 이 책은 상품의 설명을 분업과 교환, 경쟁이라는 사회적 관계로서 시작하고 있으며, 교환을 가치의 또는 사적 노동의 사회적 승인으로 시작하고 있다. 그리고 화폐는 보편적 등가 가치로서 상품에 내재되어 있는 사용가치와 가치 사이의, 사적 노동과 사회적 노동 사이의 모순 등을 해소하는 수단으로 설명한다. 그러나 화폐는 이러한 모순 해결 수단으로서만 역할하는 것이 아니라, 또 다른 모순을 스스로 잉태하는 등가물이다. 이러한 해설이야말로 마르크스가 했던 것처럼 상품·교환·화폐가 자본주의 경제 운동 과정의 기초를 이루면서도 운동의 내용을 담지하고 있는 요소임을 충실하게 드러내는 해설이라고 할 수 있다.

한편, 이 책의 또 다른 중요한 설명은 상품생산사회가 갖는 고유한 속성인 물신성을 강조하면서 이 사회가 봉건사회나 연합사회와 어떻게 다른지를 보여주는 것이다. 추상적 노동에 기초한 상품교환은 봉건사회의 부역이나 연합사회의 계획과는 달리 상품생산사회의 사회적 관계를 은폐하고 가치형태나 화폐를 물신화한다. 그러나 사회적 관계 속에서 상품·가치·화폐를 파악하는 것이야말로 자본주의 경제사회의 창발을 이해하기 위한 필수적 전제라는 것이다.

이와 같이 이 책은 마르크스가 난해하게 서술했던 『자본』의 상품·교환·화폐 부분을 마르크스의 본래 취지를 잃지 않으면서도 쉽고 자세하게 해설하고 있어서, 이 부분을 공부하려는 독자들에게 큰 도움을 주고 있다. 더욱이 이 책에서 설명되고 있는 여러 관련 지식과 상세한 보충 논의는 그 자체로서도 매우 재미있고 유익하다.

조복현 (한밭대학교 교수)

서문

> 첫 부분이 항상 어렵다는 것은 어느 과학에서나 마찬가지이다. 그러므로 여기에서도 제1장, 특히 상품분석이 들어있는 절을 이해하기가 가장 힘들 것이다(『자본 I(상)』, 3).

> 가치형태에 관한 절을 제외한다면, 이 책을 이해하기 어렵다고 비난할 수는 없다. 이것은 물론 무엇이건 새로운 것을 배우려 하며 따라서 또 독자적으로 사색하려는 독자들을 두고 하는 말이다(『자본 I(상)』, 4).

이 소책자의 목적은 마르크스의 『자본』을 읽는데, 특히 제1권 1장, 2장, 3장을 읽는데 도움을 주고자 하는 것이다.[1] 이 책에서 다루어질 각 장 및 하위 절들의 제목은 다음과 같다.

제1장 상품
제1절 상품의 두 요소: 사용가치와 가치(가치의 실체,

---

[1] 이러한 장 구분은 『자본』 독일어 제2판 이후 구성에 해당한다.

  가치의 크기)
제2절 상품에 체현되어 있는 노동의 이중성
제3절 가치형태 또는 교환가치
제4절 상품의 물신적 성격과 그 비밀

제2장 교환과정

제3장 화폐 또는 상품유통

제1절 가치의 척도
제2절 유통수단
제3절 화폐

  마르크스의 이 저서는 우리가 살고 있는 자본주의 사회형태를 이해하는데 결정적인 도움을 제공한다. 투입-산출 분석 모형으로 노벨경제학상을 수상한 바 있는 W. 레온티에프는 자본주의를 이해하기 위해 미시경제학 교과서를 읽기보다 『자본』 읽기를 권한 바 있다(W. Leontief, 1938). 이는 확실히 분명한 사실인데 왜냐하면 자유주의적 성향의 주류경제학에서는 자본과 임금노동 사이의 관계(법률적으로는 고용계약관계로 표현된다)에 대해 별 다른 관심을 기울이지 않으며, 이를 일반상품계약으로 환원시키기 때문이다. 더군다나 주류경제학은 상품분석에서도 가장 중요한 사회적 관계 분석을 누락시키므로 상황은 더욱 심각하다. 상품생산의 사회적 관계의 분석은 『자본』 1권 1, 2, 3장의 주제이자, 이 책의 주제이기도 하다.

마르크스는 『자본』을 저술하면서 혼신의 힘을 다 기울인 것으로도 유명하다. 그는 자신의 이 저서가 현실의 리얼리티를 올바르게 설명할 것으로 기대한 것은 물론, 저서 그 자체가 이론적으로 완벽한 구성미 또한 보여주기를 기대하였다. 그는 H. 발자크의 단편 소설 『미지의 걸작』에 등장하는 예술가처럼 자신의 저작이 사회적으로 인정받지 못하게 될 것을 진정으로 두려워한 바 있다(F. 윈, 2014).

사회적 삶의 깊숙한 내면적 진실을 전달해주고 그 자체가 예술적 구성적 가치를 지닌 이 저작을 독서하는 것은 따라서 헤아릴 수 없는 이점과 즐거움을 제공한다. 우리는 단지 이 저작의 독서에 참가함으로써 이 모든 혜택을 향유할 수 있다. 이 풍성한 지적 향연에 참가하기 위해 우리가 지불하여야 할 것이라고는 새로운 이론과 사상을 이해하기 위해 요구되는 인내력과, 비판적이고 독립적인 사고를 추구하는 지적 정직성뿐이다.

아무리 훌륭한 요리법이라 할지라도 요리 그 자체를 대신할 수 없듯이, 아무리 훌륭한 『자본』에 대한 가이드라 할지라도 『자본』을 대신할 수 없다. 이는 사실이다. 우리가 『자본』을 처음 읽기 시작하였을 때 의지하여야 할 유일한 규칙은 "읽는다. 읽는다. 오로지 읽는다."가 되어야 한다. 그러나 아무런 사전 준비와 배경 지식을 갖추지 못한 채 고립적으로 독서를 시작한다면 일반 독자들은 십중팔구 곧 낭패감을 느끼며 책을 덮을 것이다. 이 역시 사실이다. 마르크스가 사용하는 개념이나 논리들은 그것을 처음 접한 사람들에게는 마치 수수께끼 암호처럼 느껴진다. 어떤 준비도 없이 『자본』을 독서하는 것은 오늘날 현대 영어의 사용자에게 고대 인도의 산스크리트어 독해를 강요하는 것과 유사하다. 우리는 『자본』을 이해하는 것이 목적이지, 『자본』에 관한 책을 이해하는 것이 목적은 아니다. 그러나 『자본』이라는 마라톤을 완주하기 위해 최소한의 준비운동 또한 요구되는데 이 책은 이러한 요구에 부응하기 위해 저술되었다.

『자본』 전체가 난해하고 어려운 저서이지만 특히 상품의 가치를 다룬 1장은 어렵기로 소문이 나 있다. 그리고 이 소문이 거짓 소문이 아닌 것이 이 저서의 저자가 이 점을 직접 밝히고 있기 때문이다(제사〔題辭〕참고). 이 소책자는 1장을 포함해 2장, 3장까지 바로 『자본』의 가장 난해한 부분에 대한 가이드의 역할을 위해 저술되었다. 일반 독자들이 『자본』에 대해 가지는 가장 큰 진입장벽인 가치론 논의를 보다 명확하게 설명하고, 이후 『자본』 독서의 기본적 토대를 마련하는 것이 이 책 저술의 가장 직접적이고 중요한 동기이다.

물론 이와 같은 목적에 부응하기 위해 훌륭한 저서들이 이미 출간된 바 있다. 예를 들어 H. 클리버(2018)이나 M. 하인리히(2021)의 저서가 그러하다. 이들 역시 이 소책자와 유사하게 각각 『자본』 1장 및 1, 2장을 집중적으로 다루고 있다. 그러나 이들 저서들과 달리 이 소책자는 특히 상품생산사회의 사회적 관계 및 노동가치의 규정성 문제에 포커스를 두고 있다. 이를 위해 물신성에 대한 포괄적 이해, 다른 사회형태의 사회적 관계와의 비교, 그리고 금융공황을 통한 가치 규정성의 회복과정 등을 비중있게 다루었다. 물론 이 소책자의 이러한 접근 시도가 이들 저서들의 탁월함을 부정하는 것은 결코 아니다.

만일 게임에서 첫 관문을 통과하는 것이 다른 이후 관문을 통과하는 것보다 훨씬 어렵다면, 이 게임을 시작한 사람은 억울하다고 생각할 것이다. 준비의 과정 없이 처음부터 자신의 최고 지적 역량을 요구받기 때문이다. 그러나 『자본』 독서자는 이러한 '부당함'을 어찌되었거나 감내하여야 하는데 이 책자가 『자본』을 향한 여정의 첫 지도가 되기를 희망한다.

영국의 철학자 A. N. 화이트헤드는 독특한 교육 철학을 가지고 있었다. 그에 따르면 교육은 쉬운 것으로부터 어려운 것으로 나가는 것이 아니라, 가장 중요한 것부터 그 다음 중요한 것으로 나아가야 한다. 『자본』의 구성 역시 쉬운 것으로부터 시작하는 것이 아니라 중요한 것으로부터 시작하며 바로 이러한 이유로 인해 그 출발이 어려운지 모르겠다. 모쪼록 이 작은 소책자가 마치 '지옥에서 부처를 만나듯이' 독자들에게 『자본』 독서에서 겪게 될 이론적 혼란에서 발견할 한 줄기 빛이 되기를 기원한다.

추기(追記)

첫째, 이 저서의 서술 전개과정에서 동일 내용이 반복되는 경우가 있다. 예를 들어 필자는 상품생산사회의 분절적 구조와 이를 다시 결합하는 방식인 교환에 대해 여러 번 설명하였다. 또한 창출된 신용이 청산되면서 가치의 쌍소멸이 발생하는 과정에 대해서도 반복적 설명이 있었다. 이러한 중언은 서술 내용에 대한 강조의 차원에서 이루어졌다. 또한 이는 앞부분에 대한 참고 없이 진행되고 있는 문맥에서 그 자체로 설명이 충분히 이루어지기 위해서이기도 하다.

둘째, 이 책의 서술 범위가 노동가치론과 그것이 적용되는 상품생산사회이지만 가끔 자본주의적 생산양식이 언급되기도 하였다. 본격적인 자본주의 분석이 도입되지 않은 상황에서 이에 대한 언급이 나오므로 독자들은 다소 혼란스러울 수도 있을 것이다. 그러나 여기에는 다소 불가피한 측면이 있다. 자본주의 생산양식은 상품생산사회의 가장 발달한 형태이기 때문이다. 『자본』 1권, 1, 2, 3장은 가상의 상품생산사회에 대한 분석이라기 보다 자본주의 사회를 고도로 추상한 결과라고 해석하여야 한다. 또한 이 책이 다루는 『자본』의 범위는 기본적으로 1권 1, 2, 3장에 한정되지만, 독자들은 이 책이 『자본』 3권의 내용도 부분적으로 다루고 있음을 발견할 것이다. 이 또한 약간의 변명이 불가피한데, 화폐 및 신용에 관한 마르크스의 분석은 『자본』 3권에 가서야 만개하기 때문이다.

셋째, 부족한 이 책을 성실히 읽고 중요한 조언과 분에 넘치는 추천의 글까지 보내 주신 정성진, 조복현, 류동민 교수께 깊은 감사의 뜻을 전한다.

> 파르메니데스가 아테네의 대중집회에서 어떤 철학적인 담론을 설교하게 되었을 때, 플라톤을 제외한 동석자 전체가 자리를 뜨는 것을 알면서도 계속해 말을 이어갔다. 그런 후에 그는 플라톤 혼자만 듣고 있어도 자신에게는 충분한 청중이 있는 셈이라고 말했다(A. 스미스, 2016, 554).

파르메니데스는 플라톤 혼자만 청중으로 남아 있어도 충분하다고 생각하였는데, 필자에게는 최소한 세 명의 청중이 있는 셈이다. 그 분들은 한국 정치경제학 분야의 플라톤이라고 하여도 전혀 어색하지 않는 분들이다. 이 분들은 마르크스 경제학 연구에서 탁월한 업적을 성취하신 분들로 누구보다도 이 글을 평가할 자격이 있는 분들이다. 이 분들에게 추천의 글을 받는다는 것은 그 무엇보다 이 저술 작업에 보람을 느끼게 하는 일이었다.

넷째, 필자는 2017년 7월 이래 대구 현대사상연구소(소장 홍승용)에서 「자본론 다시 읽기」라는 프로그램에 참가하여 왔다. 이 프로그램에 참가한 것은 필자에게는 새로운 경험이었다. 경제학 비전공자들과 『자본』을 같이 읽는다는 것은 당연하게 넘어갈 것이 하나도 없다는 의미이다. 문장 하나하나 의미 하나하나를 토론해 나가다 보면 예전에는 당연한 것으로 생각했던 것들 조차도 그렇지 않다는 것을 자주 깨닫게 된다. 이 프로그램의 참가를 통해 필자는 보다 세심하게 『자본』을 검토할 기회를 얻게 되었다. 홍승용 교수를 포함해 참석한 모든 분들께 감사의 마음을 전한다.

다섯째, 어느 책의 저자는 그 책을 자신을 가르친 학생들에게 헌정한다고 이야기한 바 있다. 누군가를 가르치는 일에 몸담고 있는 사람이라면 그 헌사의 의미를 잘 알 것이다.

필자는 경북대 경제통상학부에서 강의교수로 재직하면서 해마다 1학기와 계절학기 때 정치경제학을 강의하여 왔다. 그리고 이번 학기에는 포스텍에서 처음으로 정치경제학을 강의하게 되었다(포스텍 수강생들은 직접 원고를 읽고 글의 수정 및 윤문 과정에 도움을 주었다). 필자가 학생을 가르쳤다고는 하지만 사실 학생들이 필자를 가르치기도 하였다. 재기 발랄한 논평과 현실 타당성에 관한 날카로운 질문 등을 통해 필자는 글자 뜻 그대로 학생들로부터 커다란 배움을 얻었다. 필자는 경북대와 포스텍의 훌륭한 학생들을 가르칠 기회를 누린 것에 대해 늘 감사함을 느낀다.

마지막으로 〈지식과 세상〉 김병하 교수님께도 감사의 마음을 전한다. 같은 학자적 입장에서 저술 작업의 어려움에 대해 깊이 공감해주시고 인내심을 가지고 책 출간을 기다려주신 것이 큰 도움이 되었다.

2022년 11월 25일
포스텍 아틀라스 홀에서

차례

'작은 책' 기획시리즈 발간에 부쳐 ·················· 5
『노동가치 탐구』 추천사 ························· 7
서문 ··· 12

1. 『자본』 저술의 목적과 방법 ·················· 24
2. 상품: 필연적 출발점 ························· 38
3. 노동: 사회적 분업 ··························· 52
   3.1 사회적 분업체계 ························ 56
   3.2 가치법칙 ······························· 73
   3.3 상품교환 ······························ 102
4. 가치: 추상적 인간노동 ······················ 114
   4.1 노동으로부터 가치로 ···················· 115
   4.2 생산과 교환: 추상의 두 원천 ············ 142
5. 화폐: 가치의 최종형태 ······················ 150
   5.1 가치의 발현과 승인 ···················· 151
   5.2 화폐 출현 ····························· 155
   5.3 노동화폐 비판 ························· 166

5.4 화폐의 가치척도기능 ················· 175
5.5 화폐의 교환수단기능 ················· 180
5.6 부르주아 화폐 관련 이론 비판 ············ 185
5.7 화폐의 가치축장기능 ················· 197
5.8 화폐의 지불수단기능 및 신용화폐 ·········· 204
5.9 화폐기반 및 금융체계 간 모순 ············ 217
6. 물신: 상품생산사회의 신비성 ·············· 232
6.1 아리스토텔레스 에피소드 ··············· 233
6.2 상품 물신성 ······················ 238
6.3 상품생산사회, 봉건사회, 자유로운 생산자
   연합사회 ························ 245
6.4 화폐 물신성 ······················ 256
6.5 화폐 통약성과 인간소외 ··············· 263
7. 결론을 대신해: 이 모든 것의 의미는? ·········· 272
7.1 표층과 심층의 세계, 가치 규정성 ·········· 273
7.2 경제위기: 시스템 차원의 가치규정 ·········· 278
7.3 이 모든 것의 의미 ·················· 283
8. 참고문헌 ··························· 288

1. 『자본』 저술의 목적과 방법

1. 『자본』 저술의 목적과 방법

마르크스는 『자본』 독일어 1판 서문에서 자신의 저술의 목적을 분명하게 밝히고 있다. 그가 『자본』을 저술한 최종 목적은 **자본주의 생산양식**(Capitalist Mode of Production)의 운동법칙을 규명하기 위해서이다. 『자본』 전체를 통틀어 보면 이에 해당하는 법칙들을 다음과 같이 열거할 수 있다. (1)가치법칙, (2)잉여가치법칙, (3)자본축적의 일반법칙, (4)재생산법칙, (5)경쟁과 전형의 법칙, (6)이윤율의 경향적 저하법칙, (7)잉여가치의 배분법칙. 우리는 이 책에서 특히 (1)가치법칙에 논의를 집중할 것이다.

이들 운동법칙들은 두 가지 성격을 갖는다. 첫째, 이들 법칙은 **자연적 필연성**(natural necessity)이라는 특성을 가지고 있다. 고대 그리스인들은 자연에서 작동하는 법칙과 사회에서 작동하는 규칙들을 피지스(physis)와 노모스(nomos)로 구분한 바 있다. 인간들이 정한 법률적 규칙들은 인위적인 성격을 가지며 따라서 그것은 자의적이고 변경가능하다. 반면 자연의 법칙은 글자 뜻 그대로 자연스럽고 영구하며 인간이 그것을 회피하는 것은 불가능하다. 마르크스는 자본주의 생산양식의 기저에서 작동하는 앞서 일곱개의 법칙들이 사회 내에서 작동하는 것들임에도 불구하고 자연법칙의 성격을 가진다고 보았다.[2]

만일 국회가 남한 지역에서 중력의 법칙을 금지하는 법률을 통과시켰다면, 이것은 코미디이다. 자연의 법칙은 기본적으로 인간 개입을 통해 변경 불가능하기 때문이다. 마찬가지 이유로 남한 지역에 가치법칙이 작동하는 것을 금지시킨다면, 이 또한 코미디이다. 가치법칙은 중력법칙처럼 인간의 의지에 따라 변경될 수 없기 때문이다. 따라서 마르크스의 경우 생산양식 수준에서 작동하는 일반법칙들은 피지스의 성격을 갖는다. 법칙의 이러한 성격을 묘사하기 위해 마르크스는 '**자연사적 과정**(the process of natural history)'이라는 개념을 도입하였다.

자연사적 과정 개념에 따르면 모든 사회는 그 자신의 발

---

2 물론 자본주의와 다른 사회형태 아래서라면 이들 법칙들은 소멸된다. 따라서 엄밀히 말하자면 법칙의 자연적 필연성은 역사적 발전단계에 종속된다. 그럼에도 불구하고 모든 사회는 자본주의 발전의 단계를 경유하여야 하며, 이로 인해 이들 법칙들을 반드시 마주쳐야 한다. 이하에서 이 점이 상술된다.

전 과정에서 공통적으로 동일한 과정을 통과하여야 한다. 19세기 영국처럼 자본주의가 성숙한 사회이든, 아니면 독일처럼 아직 자본주의의 발달이 미숙한 사회이든 모든 나라들은 하나의 동일한 트랙을 따라야 한다. 앞서가는 나라와 뒤쳐진 나라가 있을지언정 모든 나라는 동일한 운명에 놓여있다.

그러나 모든 나라가 동일한 역사 발전 트랙을 따른다는 것은 누가 보더라도 이상하지 않은가? 당장 오늘날 영미형 자본주의와 유럽형 자본주의는 상이한 발전 트랙을 따르는 것이 아닌가? 만일 당신이 오늘날 미국의 노동시장제도와 사회복지제도의 관련성에 대해 관심을 가진다면 그리고 이들 제도들이 독일의 제도들과 어떻게 다른지를 비교하기를 바란다면 마르크스의 접근은 올바른 선택이 아니다. 미국의 노동시장은 매우 유연하며 복지제도 역시 이에 조응하여 복지급여 수혜조건이 매우 엄격하다. 반면 독일의 노동시장은 상대적으로 경직적이며 이에 맞추어 복지제도는 더 관대하다. 요컨대 오늘날 두 나라는 명백히 다른 트랙을 걷고 있다.

그러나 만일 당신이 미국이든 독일이든 자본주의 일반의 관점에서 사회의 보편적 발전 경로에 대해 관심을 가진다면 19세기 영국과 독일을 하나의 트랙으로 묶을 수 있는 것처럼, 21세기 미국과 독일을 역시 하나의 트랙으로 묶을 수 있다. 추상의 정도와 그에 대한 용인은 대상에 대한 우리의 관심에 의존한다.

이러한 접근은 『자본』의 현재적 타당성 문제에 대해 한 가지 흥미로운 실마리를 제공한다. 만일 『자본』에서 마르크스가 가장 순수한 자본주의 발전모델을 상정하고 분석하였다면, 다시 말해 고도로 높은 수준의 추상에서 분석이 이루어졌다면, 현실의 자본주의가 발전하고 그에 따라 비자본주의적 불순요소가 사라질수록 『자본』 분석의 현실성이 증대할 것이다. 요컨대 자연사적 과정에 기반한 높은 추상의 도입은 『자본』 분석의 타당성을 높여준다.

자연사적 과정 개념에 따르면 법칙의 작동과 전개는 인간의 의지나 기원, 태도와는 독립적이다. 경제법칙이 주로 한 사회가 물질적 과정을 조직하는 과정에서 발생하며 물질적 과정은 인간의 의식이나 관념, 그리고 그것들의 산물인 제도의 영향을 받기보다는 오히려 반대로 그것들에 영향을 준다는 점을 상기해볼 때, 경제법칙은 법칙을 거스르는 인간의 자의적 개입에 대해 저항한다. 이러한 사고 방식이나 접근은 **유물론**(materialism)이라는 철학적 방법과 깊은 관련이 있다. 이 세계에는 어떤 실재가 존재하며 그것이 우리의 의식에 반영되는 것이지 그 반대가 아니다. 실재가 배열된 원리인 법칙은 관념적으로 우리 정신에 떠올려질 수 있지만, 그것은 단순히 인식의 결과에 불과하다. 법칙 그 자체는 우리 관념의 산물이 아니라 이미 사고와 관념에 선행하여 존재하는 것이다. 요컨대 법칙은 인간으로부터 독립적이다.

이러한 접근을 연장하면 자본주의의 운동법칙을 둘러싼 개인의 지위나 위치를 확인할 수 있다. 우리가 어떤 문제에 대해 책임이 있다고 한다면 그 사안과 관련한 결정 과정에서 선택권을 행사할 수 있어야 한다. 선택할 기회가 없는 상태에서 벌어진 사건에 대해 우리는 일차적으로 아무런 책임이 없다고 생각한다. 그런데 마르크스에 따르면 자본주의 아래에서 모든 개인들은 자발적인 선택의 권리를 박탈당한다; 자본주의에서 모든 개인들은 하나의 가면을 쓰고 사회적 경제적 활동에 참가한다. 어떤 개인은 자본가라는 가면을, 또 다른 개인은 노동자라는 가면을 쓰게 된다(심리학에서는 이러한 가면을 페르소나(persona)라고 부른다). 마르크스에 따르면 이러한 과정을 거쳐 경제적 범주는 인격화(personification)된다. 자본가라는 가면을 쓴 개인은 자본이라는 경제적 범주가 인격화된 것이다. 노동자라는 가면을 쓴 개인은 노동이라는 경제적 범주가 인격화된 것이다. 이들 개인들은 각자의 가면을 쓰고 무대에 오르는 배우들인데, 현실의 배우들처럼 이미 정해진 대사만 말할 수 있고 이미 확정된 연기만을 수행할 수 있다. 이들에게는 마음대로 말하거나 행동할 수 있는 자유가 허용되지 않는다. 따라서 이들에게 이들 행동의 결과에 대해 책임을 물을 수 없다.

예를 들어 어느 개인이 자본이라는 경제적 범주가 인격화된 것인 한, 언제나 재투자와 축적에 몰두하여야 하고 이를 위해서 노동자들로부터 가능한 한 최대한의 잉여 노동을 추출하여야 한다. 이것은 개인적인 성향이나 의지의 문제라기보다 이 개인의 사회적 역할이나 기능의 문제이다. 만일 상황이 이러하다면 자본주의 사회에 만연한 소외, 물신 그리고 착취를 개인 자본가의 탓 혹은 책임으로 돌릴 수 없다. 자본가는 처음부터 선택권이 없었으며 그 역시 거대한 시스템을 구성하는 하나의 나사 바퀴에 불과하다. 노동자가 책임을 져야 하는 것이 더더욱 아니라면 도대체 오늘날 불평등과 차별, 소외와 착취로 대변되는 현실의 사태는 누구의 책임인가? 그것은 다름아닌 시스템 그 자체, 자본주의 생산양식 그 자체, 그것의 운동법칙 그 자체이다.

자본주의 생산양식의 운동법칙의 두 번째 성격은 **역사적 과정**(historical process)이다. 대상을 역사적 과정 속에서 인식한다는 것은 그 대상의 변화 가능성을 인정한다는 것이고 그 대상이 취하는 특정한 역사적 형태가 상대적이고 일시적이라는 것을 인정하는 것이다. 자연사적 과정 개념의 배후에 유물론이라는 철학적 배경이 있었듯이, 역사적 과정의 배후에도 변증법이라는 배경이 존재한다. 변증법은 대상이 언제나 변화 속에서만 실재할 수 있으며, 따라서 그 대상에 대한 인식도 이를 반영하여야 한다고 주장한다. 그런데 이는 통상적인 우리의 사물 이해방식과는 차이가 있다.

우리는 어떤 대상을 관찰하고자 할 때 그 대상을 정지시키고 고정시킨 채로 연구하는 방법에 익숙해 있다. 한꺼번에 모든 것이 변화한다면 우리는 인지 자원의 부족으로 대상을 파악하거나 변화를 따라갈 수 없기 때문이다. 예를 들어 경제학 원론 첫 시간에 학생들은 소득이나 다른 재화의 가격과 같은 여타 외생변수들을 고정시킨 채, 그 재화의 가격 변화만을 허용하고, 이 때 그 재화 수요량이 얼마나 변동하는지만 따로 측정하는 훈련을 한다(이러한 접근을 라틴어 표현을 사용하여 Ceteris Paribus라고 부른다). 분석 과정에서 이러한 접근이 부분적으로 유용하다는 것은 사실이지만, 이 과정에서 우리는 더 중요한 정보의 손실을 겪을 수 있다.

19세기 독일의 관념론 철학자였던 G. W. H. 헤겔은 사물과 그에 대한 인식을 변화의 관점에서 바라보는 독특한 사유방식을 발전시켰다. 엄격하게 사물을 고정시키는 사유의 방법에 반대하여 헤겔은 그 대안으로 사물을 항상 유동적으로 변화의 흐름 속에서 관찰하고 이해할 것을 제안하였다. 만일 대상을 이렇게 살피게 된다면 우리는 대상 내부의 모순을 비로소 이해할 수 있게 된다. 왜냐하면 모순이란 서로 상이한 대립적 요소들이 한 대상 내부에서 통일적으로 결합된 상태인데, 이 모순이 다름아닌 그 대상의 변화의 동인(motor)이 되기 때문이다. 헤겔의 이러한 접근을 **변증법**(dialectics)이라고 부른다.

마르크스는 헤겔의 제자였으며 이러한 헤겔의 관점을 채택함으로써 역사에 대한 독특한 관점을 얻게 된다. 그는 언제나 모순 그 자체를 사유의 기관으로 활용하였다. 한 가지 예를 들어보자. 마르크스는 자본주의 생산양식이 불가피하게 사멸할 것이라고 생각하였고 이를 자본주의 발전의 자연사적 과정이라고 이해하였다. 마르크스는 엥겔스와 더불어 작성한 정치 팜플렛 『공산당 선언』에서 자본주의가 자신의 관을 짤 노동자 계급을 대규모로 생산해낼 것이라고 예측하였다. 그런데 같은 『공산당 선언』 도입부에서 그는 오히려 인류에게 높은 수준의 생산력을 가져다 준 자본주의를 열렬하게 찬미하고 있다. 그의 이러한 입장은 모순적이지 않은가? 그러나 이러한 마르크스의 태도는 이중적이거나 분열적인 것이 아니며, 논리적 모순 역시 아니다. 그의 태도는 변증법적 모순 개념에 기반해 있으며, 이 경우 모순은 논리적 모순(logical contraction)이 아니라 현실적 모순(real contradiction)이다. 현실의 자본주의는 자기 몰락이라는 부정적 요소와 생산력의 눈부신 발전이라는 긍정적 요소가 혼합된 모순적 존재이다.

헤겔의 제안대로 자본주의 생산양식을 유동상태 혹은 운동상태 안에서 이해한다면 우리는 현존하는 대상을 "긍정적인 것으로 이해하면서도 동시에 그것의 부정, 즉 그것의 불가피한 파멸을 인정(『자본 1(상)』, 19)" 할 수 있게 된다. 우리가 어떤 대상의 라이프 사이클(life cycle) 전체를 이해한다면, 상이한 각 단계의 특성들이 서로 모순적으로 보일 수 있고 이러한 상황 그 자체를 모순이라고 볼 수 있다. 예를 들어 자본주의는 그 이전의 어떤 다른 사회 형태보다 엄청난 생산력 혹은 문명의 진보를 가져다 주었고, 이는 분명히 긍정적인 요소이다. 하지만 동시에 그것의 발전은 진보를 가져다 준 생산양식 그 자체의 소멸에 기여한다. 이처럼 자기 모순은 동일한 대상의 상이한 역사적 단계들 간의 대립이다.

모순은 『자본』을 관통하는 기본적 방법이다. 이는 마르크스와 정치경제학의 다른 논자들을 구분하는 중요한 경계이기도 하다. 예를 들어 D. 리카도의 경우 생산성의 진보는 정상상태(stationary state)라는 자본주의의 파국을 막는 긍정적 역할만을 수행하지만, 마르크스의 경우 그것은 잉여가치 증대를 가져오는 한편, 불변자본의 증대를 가져와 이윤율을 궁극적으로 떨어뜨리는 역할까지 수행하므로 모순적이다

(이는 『자본』 제3권에서 주로 논의되는 주제이다). 헤겔과, 헤겔의 방법을 이어받은 마르크스에게 모순이란 사물이 취할 수 있는 가장 자연스러운 형태이다. 한편 오늘날 일부 논자들은 모순(contradiction)이 아니라 차이(difference)가 세계의 보다 일반적인 실존 상태라고 주장한다. 그러나 "존재하는 것은 차이뿐이며 모순은 존재하지 않는다"라는 주장이야말로 현실과 가장 모순된다.

이러한 마르크스의 유물론적 그리고 변증법적 방법들이 갖는 인식상의 이점은 대상을 절대화하지 않고 항상 상대적으로 인식하게 만드는 효과이다. 현존하는 사회의 의식구조가 물질적 조직화의 역사적 결과라는 점을 이해한다면 그 물적 토대를 절대시하는 모든 이데올로기는 허구적이라는 점을 알게 된다. 또한 현존하는 사회 형태가 최종적인 발전의 결과라기 보다 장구한 발전 과정의 한 단계에 불과하다는 점을 이해한다면 기존 질서를 영원한 것으로 변호하는 이데올로기 역시 허구적이라는 사실을 알 수 있다. 이러한 유물론과 변증법적 인식의 효과는 마르크스의 또 다른 방법으로 자연스럽게 이어진다.

『자본』을 저술하면서 마르크스가 사용한 또 다른 방법은 **비판의 방법**(critical approach)이다. 『자본』의 부제는 다름 아닌 '정치경제학 비판'이었으며 이 비판의 정신이야말로 마르크스가 자본을 저술하면서 일관되게 견지했던 태도이기도 하다. 그는 노동화폐를 주장하는 프루동을 신랄히 비판하였고, 화폐의 기능을 검토하면서 당대의 가장 유력한 경제이론이었던 세이의 법칙과 흄의 화폐수량설을 비판하였다. 또 그는 상품과 화폐의 물신성에 빠진 고전학파 경제학을 비판하는가 하면, 자본의 일반정식의 모순을 설명하면서 콩디약을 비판한다. 다시 그는 공장법 논쟁과 관련해서는 시니어를 열렬히 비판하기도 하고, 상대적 잉여가치를 다루면서 케네의 논적들을 조롱하기도 한다. 기계 도입과 관련해서는 밀을 비판하고 자본축적의 문제를 살피면서는 맬더스를 비판한다 . . . 『자본』 전체가 비판의 역사적 기록이다.

『자본』의 이러한 비판적 정신에 비추어보자면 『자본』 출간은 의미심장하다. 1988년 이전 『자본』은 남한에서 금서였다. 왜 권위주의 정권은 『자본』을 금서로 지정하였을까? 그것은 다름아니라 『자본』이 가지는 비판의 정신 때문이다. 모든 권위적 전제적 체제들은 비판을 가장 두려워한다. 따라서 비판에 기반해 서술된 『자본』을 비판만큼이나 두려워한다. 이 비판의 정신은 마르크스 『자본』의 정수(精髓)이다. 『헤겔법철학비판』에서 마르크스는 유물론의 정신을 따라 비판의 무기가 결코 무기의 비판을 대신할 수 없다는 주장을 한 바 있지만, 『자본』에서 그는 비판의 무기가 무기의 비판 못지 않음을 잘 보여주었다.

우리가 이 책에서 다루게 될 가치법칙 혹은 노동가치론은 혹자에 따르면 '생명과학을 제외한 자연과학 분야에서 ... 갈릴레오와 뉴턴의 철학적 이론적 혁신에 견줄 만 하다(D. K. 폴리, 2001, 247)." 갈릴레오와 뉴턴의 업적은 천체와 물체의 운동 법칙을 규명해낸 것에 머무는 것이 아니라, 우리가 거주하고 있는 이 세계에 관한 우리의 태도와 이해의 방식을 근본적으로 변화시켰다는 점에까지 이른다. 스미스로부터 출발하여 리카도 그리고 마르크스에게로 이어지는 이 이론적 혁신은 상품생산에 기반하여 이루어지는 사회의 재생산과정에 대한 통찰은 물론이고 사회라는 거대한 유기체에 대한 우리의 이해방식에도 커다란 영향을 미쳤다.

우리는 『자본』 1권의 상품과 화폐를 다루는 장들을 검토하면서 노동가치론을 살펴보고자 한다. 노동가치론은 가치의 실체, 크기, 형태에 관한 규정은 물론이고 가치가 생산가격으로 전화하는 전형과정(transformation process)에 관한 논의까지 포괄하지만, 이 책은 전자의 논의에 한정하고 있음을 미리 알려 둔다.[3]

---

[3] 언젠가 다른 기회에 여기서 다루지 못한 노동가치론의 세밀한 주제들 역시 다룰 수 있기를 희망한다.

2. 상품: 필연적 출발점

2. 상품: 필연적 출발점

> 우리가 처음이라 부르는 것은 종종 끝이며 끝내는 것은 시작하는 것. 그 끝은 우리가 시작한 곳... 이 사랑과 이 부름의 목소리에 이끌려 우리는 탐험을 멈추지 않으리니 우리 탐험의 끝은 우리가 시작한 곳에 도착하는 것, 그리하여 그 첫 시점을 알게 되는 것(T. S. 엘리엇, 『리틀 기딩』).

자본주의 생산양식의 운동법칙이 『자본』의 저술 목적임을 상기한다면, 상식적으로 『자본』의 시작은 자본이어야 할 듯 하다. 그러나 『자본』 1장의 제목은 '상품'이다. 왜 자본이 아니고 상품인가? 이를 이해하기 위해 우리는 스스로 마르크스의 입장에 서 볼 필요가 있다. 그가 자본주의를 분석하기 위해 탐구 대상으로 삼았던 것은 19세기 영국 자본주의였다. 이러한 현실의 구체적 사회를 관찰할 경우, 가장 눈에 포착되는 대상은 아마도 인구일 것이다. 무수히 다양한 개인들로 이루어진 인구야말로 분석의 여정에서 자연스러운 출발점이라고 볼 수 있다.

그러나 좀 더 관찰의 배율을 높여 이 인구를 상세히 살펴본다면 개인들의 사고나 행동의 패턴이 상이하고, 이러한 상이함은 사회적 재생산과정에서 각자가 차지하는 특정한 지위 및 기능과 관련이 있음을 이해하게 된다. 요컨대 각 개인은 단순한 개인이 아니라 특정한 계급의 성원들임이 드러난다. 이제 김씨나 이씨, 그리고 박씨는 노동자이고 자본가이고 지주로서 식별된다.

예를 들어 자본가로서 이씨는 앞서 1절에서 언급하였듯이 자본이라는 경제적 범주가 개인의 형태로 인격화된 결과로 이해할 수 있다. 이 책은 노동가치론에 관한 논의에 한정할 것이므로 여기서 자본에 관한 본격적 논의는 어렵지만 당장의 논의를 위해 필요한 최소한의 정의를 가져오자면 자본이란 '자기 증식하는 가치(self-valorizing value; sich verwertender Wert)'에 해당한다. 따라서 자본가란 자본의 증식에 직접 기여하는 인물을 말한다. 자본의 증식을 위해 그는 원료와 중간재, 기계와 건물을 구매하고 노동자를 고용한다(이를 '자본을 선대한다'라고 표현한다). 그는 이러한 선대를 통해 자본의 가치를 증식시킨다. 만일 우리가 자본가라는 개인의 행동을 분석하고자 한다면, 반드시 자본이라는 경제적 범주를 고려하지 않으면 안 된다.

한편 이러한 선대 혹은 투자를 위해 자본가는 화폐를 필요로 하고 선대나 투자의 결과로서 그 이전보다 더 많은 화폐를 손에 넣게 된다. 물론 자본은 상품이나 실물의 형태로도 존재할 수 있다. 그러나 화폐는 자본이 취할 수 있는 여러 형태 가운데 가장 자연스럽고 유동적인 형태이다. 이제 자본이라는 범주는 화폐라는 범주와 자연스럽게 연결된다.

화폐의 기원을 둘러싸고 많은 논쟁이 벌어지고 있지만 마르크스는 명백하게 화폐 역시 그 출발이 상품임을 분명하게 지적한다(그는 화폐이론의 여러 갈래 가운데 상품화폐론의 입장을 취하고 있다[4]). 상품생산사회에서 생산과 소비는 불가피하게 분리되는데 왜냐하면 이 사회 형태는 분업에 기반하기 때문이다. 개별 생산자들은 자신의 소비를 위해 상품을 만드는 것이 아니라, 타인의 소비를 위해 상품을 만든다. 따라서 상품생산사회의 이러한 분절을 다시 잇기 위해 이 사회는 교환이라는 절차를 반드시 거쳐야 한다. 그리고 이 교환이 시작된다면 반드시 화폐가 등장하게 된다. 교환이 발생한다면 화폐가 등장하는 것은 시간 문제이다.[5] 이제 우

---

4 상품화폐(commodity money)란 이미 내재적 가치를 가진 상품이 화폐로 사용되는 경우를 말한다. 예를 들어 가축이나 금은 그 자체로 상품이면서 동시에 보편적 등가물로서 화폐로 사용된 바 있다. 이에 대해서는 5.2절에서 상세히 다룬다.

리는 화폐가 상품 생산이 갖는 고유한 구조로부터 등장하였음을 깨닫게 된다.

따라서 자본주의 사회의 운동법칙을 규명하기로 결심한 마르크스는 인구 → 계급 → 자본가 → 자본 → 화폐 → 상품이라는 연결의 고리를 따라 연구의 초점을 옮겼을 것이라고 추측해 볼 수 있다. 물론 이 연구과정의 순서는 질서정연하고 뚜렷한 것이 아니라 혼란스럽고 대략적인 것에 가깝다. 연구의 실제 과정은 언제나 시행착오, 반복, 후퇴, 비약, 누락의 과정이며 마르크스 역시 예외가 아닐 것이다. 이러한 혼란 그 자체는 연구 과정의 본질을 잘 보여준다.

이제 연구의 과정(inquiry process)을 다 마쳤다면 그 다음 마르크스가 해야 할 일은 무엇인가? 그는 이미 사회나 인구와 같은 복잡한 대상으로부터 시작하여 가장 단순한 상품의 단계에 이른 상태이다. 그는 아마도 자신의 연구 결과를 체계적으로 정리하기 시작할 것이다. 그런데 이 체계화 과정은 앞서 분석의 과정을 거꾸로 거슬러 올라가는 일이 될 것이다. 그가 이제 『자본』 저술을 시작한다면 그는 이 체계화의 순서에 따라 논의를 전개해 나갈 것이다. 다시 말해 서술의 과정(presentation process)은 다름아닌 체계의 과정이다.

---

5 우리는 5.2절에서 이 문제를 상세히 다룰 것이다.

마르크스가 선택한 이러한 경로 순서는 생물학자들이 따르는 순서와 유사하다. 생물학자들이 발달한 유기체를 '연구' 할 때 그들은 먼저 유기체를 구성하는 기관들을 검토하고 다음으로 기관들을 구성하는 세포들을 연구할 것이다. 그러나 생물학자들이 자신들의 연구 결과를 교과서로 '서술' 한다면 생물학 교과서의 제1장 제목은 성체나 기관이 아니라 세포일 것이다. 세포로부터 출발하여 성체로 나아가는 순서이다. 마찬가지로 마르크스는 독자로 하여금 가장 단순한 것으로부터 다시 시작하여 가장 복잡한 것으로 나아가는 경로를 따르게 한다. 이로 인해 『자본』의 독자들은 마르크스의 연구 방법과는 반대로 상품 → 화폐 → 자본의 순서로 독서를 경험하게 된다.

따라서 제사의 T. S. 엘리엇의 싯구처럼 우리의 탐험(즉 탐구 혹은 연구)의 끝은 우리의 시작점이 어디인가를 아는 것이다. 우리는 자본주의의 생산양식의 운동을 규명하기 위한 연구의 여정에서 상품에 도달하였다. 이 탐험의 끝은 서술이라는 새로운 여정의 출발점이다.

결과적으로 독자들은 연구과정을 건너뛰고 서술과정만을 따라가게 된다. 연구과정을 섭렵하지 못한 독자들에게 서술과정은 아무런 설명없이 주어진 것이므로, 뜬금없고 생소하며 불편하기까지 할 수 있다. 요컨대 자본주의적 생산양식의 운동법칙의 출발점이 상품이라는 것은 독자들에게 '선험적'이라는 인상을 남길 수 있다. 그러나 우리가 앞서 살핀 바대로 서술 순서의 논리적 필연성을 인식한다면, 이러한 의심은 사라질 것이고 결국에는 이 출발점이 다른 여지가 없는 자연스러운 것임을 깨닫게 된다.

연구와 서술의 과정을 거치면서 동일한 대상은 매개되지 않는 개념에서 매개된 개념으로, 혹은 고립적 대상에서 전체 체계의 일부로 파악된다. 예를 들어보자. 서술의 종착지는 인구인데, 연구의 출발지 역시 동일하게 인구였다. 그러나 서술의 과정을 다 마치게 된 연후 이제 독자들의 머리 속에 떠오른 인구는 무매개적이고 혼란스러운 대상이 아니라 개념적이고 질서정연한 체계의 일부가 된다.

> 현실적이고 구체적인 것, 실재적인 전제로부터 시작하는 것, 요컨대 경제학에서 전체 사회적 생산 행위의 기초이자 주체인 인구에서부터 시작하는 것이 올바른 것처럼 보인다. 그렇지만 자세히 살펴보면 이것은 잘못된 것임이 드러난다. 인구는, 예를 들어 그것을 구성하고 있는 계급들을 무시한다면 하나의 추상이다. 이 계급들은 다시 그것들이 기초하는 요소들을 알지 못하면 공허한 용어이다. 예를 들어 임노동, 자본 등. 이 요소들은 교환, 분업, 가격 등을 전제한다. 예를 들어 임노동, 가치, 화폐, 가격 등이 없는 자본은 아무 것도 아니다. 요컨대 내가 인구에서부터 시작한다면 이것은 전체에 관한 혼란스러운 개념일

것이며, 나는 더 자세한 규정을 통해 이전보다 분석적으로 더 단순한 개념들에 이를 것이다. 가장 단순한 규정들에 도달할 때까지, 상상된 구체성으로부터 갈수록 미세한 추상들로. 여기에서부터 여행은 내가 마침내 인구에 다시 도달하되, 이번에는 전체에 관한 혼란스러운 개념으로서의 인구가 아니라, 수많은 규정과 관계의 풍부한 총체성으로서의 인구에 도달할 때까지 다시 뒤로 돌아가야 할 것이다(K. 맑스, 2007, 70-71).

만일 우리가 직관에 의지해 사물의 원리를 단숨에 파악할 수 있다면, 그리고 이를 남에게 직접 전달해줄 수 있다면, 아마도 연구와 서술이 분리된다거나 그 각각의 순서들이 정반대일 필요는 없을 것이다. 그러나 인간은 언제나 새로운 대상을 순차적 단계적으로만 인식할 수 있으며, 자신이 발견한 것을 남에게 설명할 경우 논리적 필연성을 구성하기 위해 발견 내용을 합리적으로 재구성하여야 한다. 연구와 서술 간의 이러한 대위법(對位法)은 17세기 네덜란드의 철학자 B. 스피노자로부터 기원하는 것인데, 마르크스는 이러한 테크닉을 『자본』을 저술하는데 자유자재로 활용하였다.

앞서 설명한 사정들로 인해 이제 자본주의 생산양식의 운동법칙을 규명하는 마르크스의 여정은 상품에서 시작한다. 『자본』제1권 제1장 제1절 첫 대목이 이 점을 분명히 지적한다.

자본주의적 생산양식이 지배하는 사회의 부는 '방대한 상품 더미'로 나타나며, 개개의 상품은 부의 기본 형태이다. 그러므로 우리의 연구는 상품의 분석에서 시작한다(『자본 1(상)』, 43).

The wealth of societies in which the capitalist mode of production prevails appears as an '**immense collection of commodities**'; the individual commodity appears as its elementary form. Our investigation therefore begins with the analysis of the commodity(Capital, volume I, 125).

Der Reichtum der Gesellschaften, in welchen kapitalistische Produktionsweise herrscht, erscheint als eine '**ungeheure Warensammlung**', die einselne Ware als seine Elementarform. Unsere Untersuchung beginnt daher mit der Analyse der Ware(Das Kapital, Erster Band, 49).

모든 위대한 문학작품의 첫 시작은 그 자체로 중요한 의미를 내포한 내러티브라고 이야기되는데, 『자본』 역시 예외가 아니다. 위 구절에도 한 가지 숨겨진 뜻이 담겨있다. 이 뜻을 이해하기 위해 이 문장에 사용된 단어, '부(富)'에 주목할 필요가 있다. 만일 우리에게 충분한 부가 주어진다면 우리는 이것을 가지고 무엇을 할까? 물론 부를 쌓아두고 축장하는 것 그 자체에서 즐거움을 느낄 수도 있지만(그리고 우리가 살고 있는 이 사회 형태에서는 이러한 경향이 지배적이지만), 일반적으로 부는 우리의 삶의 목표를 실현하는 수단으로 활용된다. 이러한 부가 풍부할수록, 결핍의 제약으로부터 더 벗어날수록 우리는 더 자유롭게 우리의 개성을 실현하는 일에 몰두할 수 있다. 우리는 우리 삶을 꽃피우고 번성시키기 위해 부를 필요로 한다.

그런데 우리가 살고 있는 이 사회, 상품 생산에 기반한 이 사회에서는 각자의 삶이 피어나고 번성하기 위해 필요한 수단인 이 부가 오직 상품의 형태로만 존재할 수 있다. 어떤 대상을 상품이라고 이야기할 때, 우리는 그 대상에 특정한 속성이 내재하고 있다는 것을 전제한다. 모든 노동생산물이 상품은 아니며 상품으로서의 노동생산물은 처음부터 판매를 목적으로 생산된다. 동일한 기술로 생산된다 할지라도 그것이 상품으로 판매된다면, 그 대상은 특정한 사회적 관계를 대표한다. 상품생산을 위해서는 분업과 교환, 그리고 경쟁이라는 사회적 과정이 작동해야만 하기 때문이다.

상품생산사회에서 이제 개인의 인생 목표는 시장의 범위 안에서만 고려되고 이루어진다. 물론 교환을 통해 당신은 당신의 이상을 실현하는 과정에서 타인의 이상 실현에 기여할 수 있고 그 반대도 가능하다. 개인은 자기의 이익을 위해 교환에 참가하지만, 동시에 이 과정은 타인을 위한 과정이기도 하다. 설사 이기적 동기에 의해 분업 및 거래에 참가한다 해도 개인은 자신의 이익을 위해서라도 타인에게 그가 필요한 생활수단을 공급하지 않을 수 없다.[6] 더군다나 유사한 삶의 목표를 둘러싸고 나와 남은 서로 경쟁하며, 이러한 경쟁을 통해 둘 모두에게 더 나은 성과가 발생할 수 있다.

그러나 여기에 하나의 함정이 도사리고 있다. 교환에 기반한 사회의 경우, 시장의 인정을 받는 삶의 목표만이 실현가능한 목표가 된다. 아무리 고매하고 품위있는 목표라고 해도 그것이 상품생산체계의 승인을 받지 못하게 된다면, 그것은 한낱 꿈에 그치게 된다. 우리의 삶과 선택은 상품생산이라는 기회집합 안으로 한정된다. 얼마 전 인류는 우주의 한계 혹은 크기를 측정하기 위해 제임스 웹 망원경을 로켓에 실어 라그랑주 포인트로 발사하였다. 우리는 이 망원경을 이용한 관측으로 우주 안에서의 우리의 지위나 위치를 깨닫게 되고 삶의 의미에 대해 더 깊이 반추할 수 있기를 바란다. 또한 이 프로젝트의 실현은 그 자체가 많은 과학자들과 엔지니어들에게 삶의 목표였을 수도 있다. 그러나 이러한 인류의 커다란 성취는 순수한 상품관계 아래에서는 실

---

6 A. 스미스는 이러한 강제된 호혜관계(coerced reciprocity) 혹은 강요된 상호의존성(enforced interdependence)이야말로 상업사회의 가장 중요한 특징이라고 생각하였다. 상업사회란 우리가 다루고자 하는 사회형태인 상품생산사회의 스미스식 버전이다.

현이 불가능하다. 이 프로젝트의 모든 단계가 시장의 교환을 통해서만 이루어져야 한다면, 인류는 결코 이러한 성과를 얻지 못할 것이다. 왜냐하면 이 거대한 프로젝트를 조직하는데 시장은 부적절할 뿐 아니라 이를 통해 당장의 수익이 발생하는 것도 아니기 때문이다. 무언가 의미있는 삶과 원대한 프로젝트의 추구는 시장의 경계를 너머서야 비로소 가능할 때가 있다. 요컨대 우주를 이해하고자 하는 우리의 열망은 시장의 협소한 범위 내에서는 온전히 실현되기 어렵다.

첫 구절의 단어 '부'의 영어 펭귄판 번역어는 wealth이지만 사실 원래 그에 해당하는 독일어 단어는 Reichtum으로서, 이는 오히려 영어의 richness에 대응한다. 만일 영어 번역본에 wealth를 대신하여 richness라는 표현을 사용한다면 『자본』첫 구절이 표현하고자 하는 의도가 더욱 잘 드러날지도 모른다. 자본주의적 상품생산사회에서 우리의 삶을 풍요롭게 하고(rich) 인류라는 종을 더 번성시킬 수 있는(thrive) 수단은 오직 매매가 가능한 대상, 즉 상품으로만 한정된다. 우리의 이상을 실현시킬 자원이 오로지 상품형태로만 존재한다면, 조만간 우리의 이상도 상품화될지도 모른다. 원래 나의 이상은 주체적 삶을 구성하는 가장 중요한 핵심이었지만, 이제 상품화된 이상이 나를 대신하여 나의 주인이 된다.

따라서 『자본』 1권 1장 1절의 첫 구절은 상품생산에 기반한 이 세계가 우리의 이상과 열망을 체계적으로 제한하고 있다는 사실을 마르크스가 암시하는 것으로 해석할 수 있다. 스미스가 상업사회(Commercial Society)라고 불렀고 헤겔이 시민사회(Civil Society)라고 명명한 이 사회 형태를 마르크스는 **상품생산자사회**(society of commodity producers; Gesellschaft von Warrenproduzenten)라고 개념화하였다.[7] 마르크스는 인류라는 종의 궁극적 발전을 제약하는 상품생산이 폐지됨으로써 새로운 역사의 발전단계가 열릴 것이라고 기대하였다.

상품생산사회라는 하드웨어를 구동시키기 위해서는 소프트웨어가 필요하다. 다음 장에서는 그 첫 번째 소프트웨어에 해당하는 분업(division of labor)을 살펴보기로 하자.

---

[7] 이후 우리는 이 '상품생산자사회' 명칭을 '상품생산사회' 명칭과 번갈아 사용할 것이다.

3. 노동: 사회적 분업

3. 노동: 사회적 분업

> 우리가 제기한 과제는 다음과 같은 것이다. 한 사회는 공동의 노동, 즉 계획과 조직을 갖춘 노동 없이는 존재할 수 없다. 또한 우리는 모든 시대에 걸쳐 극히 다양한 형태들을 발견했다. 오늘날의 사회에서는 지배도, 법칙도, 민주주의도, 계획과 조직의 흔적도 발견할 수 없다. 무정부성이다. 어떻게 자본주의 사회가 가능할까?(R. 룩셈부르크, 2015, 260)

『자본』 1장에서 3장에 걸쳐 마르크스는 독특한 사회형태를 분석하고 있다. 이 사회형태의 이름은 상품생산사회이다. 이 사회형태는 자본주의적 재생산의 토대에 해당하는데, 왜냐하면 후자는 다음과 같은 전자의 사회적 관계 기반 위에서 작동하기 때문이다. 첫째, 이 사회는 독립적 생산자들에 의해 구성된다. 이들은 자신이 소유한 생산도구와 기술을 가지고 자신의 경영 아래 생산물을 만든다는 의미에서 독립적이다. 둘째, 이들의 노동은 사회적 노동이다. 이들은 스스로 소비하기 위해서가 아니라 타인이 소비하기 위해 생산물을 만든다. 셋째, 따라서 이들 각각의 개별노동은 전체 사회적 분업의 한 갈래에 해당한다. 그들의 노동은 특정 생산물 제작에 전문화(specialization)되어 있다. 넷째, 이들은 자신들이 필요한 생계수단을 획득하기 위해 자신의 생산물을 상품으로 교환한다. 이들은 우연히 남은 잉여를 거래하는 것이 아니라 생산 개시 이전부터 상품교환을 지향한다. 이러한 특정한 사회관계는 그에 대응하는 거래양식 혹은 교류양식으로 개념화된다.

자본주의는 상품교환이라는 고유한 **거래양식(mode of transaction)**에 기반해 있다. 거래양식이란 인간의 노동생산물이 어떠한 방식으로 배분되는가를 결정하는 사회경제적 제도 배열을 말한다. 사람들이 거대한 단일생산체계 내에서 공동으로 재화를 만들고 사전에 정해진 규칙에 따라 이를 분배하는 경우와, 개별적이고 독립적인 상품생산자들이 자신의 노동생산물을 상품으로 간주하고 이를 시장교환을 통해 배분하는 방식은 서로 상이한 거래양식이다. 또한 동일한 사회적 노동생산물이라 할지라도 중세봉건사회의 경우처럼 부역과 공납을 통해 노동의 사회적 성격이 드러나는 경우와, 자본주의사회의 경우처럼 상품 교환을 통해 드러나는 경우 역시 상이한 거래양식이라고 볼 수 있다. 요컨대 거래양식이란 특정한 사회적 관계에 조응하는 노동생산물의 분배방식이라고 볼 수 있다. 인간의 삶이 로빈슨 크루소의 경우처럼 철저하게 고립적인 경우가 아니라면, 모든 역사상의 인간들은 특정한 거래양식에 참가하게 된다. 마르크스 자신은 이 거래양식을 **교통형태**(Verkehrsform)이라고 불렀다. 여기서 교통이라는 개념은 일상의 경우 보다 더 큰 의미를 지니는데, 대체로 인간들 사이의 포괄적 교류관계를 지칭한다.[8]

우리는 상품생산사회의 거래양식에 대해 살피고자 한다. 이 거래양식의 첫 구성요소는 **사회적 분업**(social division of labor)인데 우리는 사회적 분업에 대한 분석을 통해 교환가치라는 개념에 도달하게 된다.

1958년 래너드 리드(Leonard E. Read)는 인간이 만들어낸

---

[8] K. 폴라니는 교통형태를 다음과 같이 독특하게 개념화한다. 그는 "생산자원과 욕구 충족의 물질적 수단을 획득하고 처분하는 데에서 인간들 사이에 확인되는 전형적인 관계 유형을 경제통합 유형이라고" 정의한다. 역사적으로 보아 이러한 유형에는 크게 다음 3가지가 존재한다. (1) 호혜(reciprocity)는 일정한 사회적 관계가 있는 사람들 사이에 사회적 의무로써 재화 및 서비스를 주고받는 형식으로 물질적 욕구가 충족되는 형태이다. (2)재분배(redistribution)는 자원에 대한 중앙집중적 관리와 그에 따른 재분배가 이루어지는 방식이다. (3)교환(exchange)은 시장에서 상품을 통해 교환하는 방식이다. 이에 관해서는 K. 폴라니, 2009, 제4장 「사회와 경제체제의 다양성」을 참고할 것.

가장 간단한 도구 가운데 하나인 연필을 제작하기 위해 필요한 숙련과 자원에 대해 하나씩 따져보기 시작하였다. 그의 저서 『나는 연필입니다(I, Pencil)』에서 확인된 한 가지 놀라운 사실은 그 어떤 개인도 이 간단한 도구를 만들어내는 데 필요한 숙련과 자원을 모두 보유하지 못하고 있다는 점이었다. 연필 하나를 만들기 위해서라도 무수히 많은 개인의 손을 거치는 것이 요구된다. 이 사례는 아주 간단한 상품이라 할지라도 우리가 그것을 생산하기 위해서는 복잡한 분업 체계를 갖추어야 한다는 점을 보여준다.[9]

인류 종(種)은 오로지 성숙하게 발전한 사회적 생산형태를 통해서만, 자기 종의 내재적 잠재력을 완전하게 발휘할 수 있다. 종의 잠재력 실현은 고립된 개인의 노고와 분투만으로는 결코 성취할 수 없다. 오늘날 인류의 발전 단계에서 사회적 생산형태란 사회적 분업체계를 지칭한다.

> 문명이 발달하여 생산력을 향상시키는 개선이 이루어지고 그로 인해 노동은 불가피하게 분업되어 구성원의 독립성이 상

---

[9] 코로나 사태가 터진 이후 일본의 불화수소 판매 거부와 최근 요소수 사태는 한 경제와 다른 경제 사이에 얼마나 밀접한 분업적 연관성이 존재하는가를 보여주는 극적인 사례들이었다. 이를 통해 우리는 사회적 분업이 교란될 때 사회적 경제적 재생산이 얼마나 큰 타격을 입는지 알게 되었다.

실된다. 그러나 노동자 전체로서의 능률은 향상된다. 아주 평범한 물자를 공급할 경우에도 여러 과정을 거치게 되는데 개별 노동자는 그 중 아주 작은 한 부분에 대한 지식과 기술을 습득한다. (반면: 인용자) 미개 부족의 경우, 노동 생산물 총량은 얼마 되지 않지만 각자 독립적 생활을 해나갈 능력이 있다 . . . 즉, 모든 필요한 물자를 스스로 조달할 수 있다. 자기 부족에서 떨어져서도 살아나갈 수 있다(H. 조지, 2016, 293).

비록 문명이 발전할수록 개인은 독립성을 잃게 되고 미약한 존재로 전락하지만, 인류 종 전체는 사회적 분업을 매개로 그 힘과 역량을 배가할 수 있다.

3.1 사회적 분업체계

> 독립적으로 행해지고 상호 의존하지 않는 사적 노동의 생산물만이 서로 상품으로 마주한다. 생산물이 일반적으로 상품 형태를 취하고 있는 사회, 즉 상품생산자 사회에서는, 개별 생산자들이 상호 독립적으로 자기 자신의 계산에 따라 수행하는 여러 가지 형태의 유용노동 사이의 질적 차이는 하나의 복잡한 체계, 사회적 분업으로 발전한다 (『자본 1(상)』, 53).

분업은 상품생산사회의 출발점이다. 노동생산물이 상품의 형태를 갖는다면, 즉 상품이 교환을 목적으로 생산된 노동의 산물이라면, 교환은 반드시 분업을 전제한다. 분업이 없다면 교환도 없다. 분업에 기초하므로 상품생산사회는 정의상 생산과 소비가 분리된 사회이다. 생산은 독립적으로 이루어지지만 소비는 타인을 위한 사회적 지향을 가지기 때문이다. 분업이란 생산자가 노동과정 안이나 사회직종체계에서 한 가지 활동에 붙박이로 참가하는 것을 말한다. 어떤 사회가 분업에 기반해 있다면 그 사회는 정의상 사회적 노동(타인 소비를 목적으로 한 노동)이 특정한 방식으로 배분되는 체계를 가지고 있다는 의미이다. 이 의미를 파악하기 위해 아래 논의를 살펴보기로 하자.

사회적 분업체계(the social system of division of labor)란 사회 전체가 활용할 수 있는 노동, 즉 사회총노동이 개별 생산물 생산부문으로 할당되는 배분과정(allocation process)이다. 예를 들어 한 상품생산사회의 사회총노동이 연간 40,000시간이고 곡물, 텔레비전, 컴퓨터, 자동차 생산부문들에 각각 10,000시간씩 배분되었다고 가정하자. 이 경우 우리는 각 생산물의 사회적 수요가 주어진 상태에서 그 수요만큼 생산물이 생산된다면, 생산물 단위당 지출된 노동시간을 확인해 볼 수 있다.

[표1] 사회적 총노동 배분체계

	사회적 수요	배분 노동량	단위당 노동량
1. 곡물	500톤	10,000시간	20시간
2. 텔레비전	80대	10,000시간	125시간
3. 컴퓨터	100대	10,000시간	100시간
4. 자동차	50대	10,000시간	200시간

 이제 시장에서 컴퓨터와 자동차가 교환된다고 가정하자. 컴퓨터와 자동차가 서로 교환되므로 이 두 생산물은 상품이 되었다. 교환의 비율이 어떻게 결정되는가는 상품생산자 개인에게도 매우 중요한 문제이다. 노동은 인간이 어떤 대상을 획득하는데 치러야 할 희생에 해당하며 따라서 컴퓨터와 자동차 생산자는 다른 무엇보다 희생의 정도를 대변하는 자신의 노동량에 비추어 상품교환비율을 결정할 것이다. 컴퓨터와 자동차 단위당 생산에 지출된 노동량의 비율이 100 : 200 = 1 : 2이므로 컴퓨터 2대가 자동차 1대와 교환될 것이다. 따라서 컴퓨터 1대의 상대가격은 자동차 0.5대로 표현된다.

〔표2〕 컴퓨터와 자동차의 시장교환

	사회적 수요	배분노동량	단위당 노동량	상대가격
1. 컴퓨터	100대	10,000시간	100시간	자동차 0.5대
2. 자동차	50대	10,000시간	200시간	컴퓨터 2대

이제 이 상품생산사회에 다음과 같은 다양한 변화들을 도입하고 사회적 총노동의 분업체계는 이에 어떻게 반응하는지를 살펴보기로 하자.

A. 컴퓨터 생산부문 생산성 증대 만일 컴퓨터 생산부문에서 기술혁신이 발생해 생산성이 2배로 증대되었다고 가정해보자. 노동생산성이 증가할 경우 정의에 따라 동일한 노동시간에 생산되는 상품수량이 증대한다. 사회적 수요가 이전과 동일할 경우, 생산성 증대 덕택으로 예전에 비해 절반의 노동량, 즉 5,000시간만이 이 부문으로 배분된다. 기술진보는 인간 노동을 절약하기 때문이다. 이제 컴퓨터와 자동차 단위당 생산에 지출된 노동량의 비율이 50 : 200 = 1 : 4로 변경되고 컴퓨터 4대가 자동차 1대와 교환될 것이다. 컴퓨터 1대의 상대가격은 자동차 0.25대가 된다.

[표3] 컴퓨터 산업의 생산성 증대

	사회적 수요	배분노동량	단위당 노동량
생산성 증대 이전	100대	10,000시간	100시간
생산성 증대 이후	100대	5,000시간	50시간

컴퓨터 부문의 생산성 증대로 인해 사회적 총노동의 재배분이 발생한다. 이 재배분 과정이 종결된 이후 새롭게 확립된 사회적 총노동 배분체계는 다음과 같다.

[표4] 사회적 총노동 배분체계의 재확립(A)

	사회적 수요	배분 노동량	단위당 노동량
1. 곡물	500톤	10,000시간	20시간
2. 텔레비전	80대	10,000시간	125시간
3. 컴퓨터	100대	5,000시간	50시간
4. 자동차	50대	10,000시간	200시간

이제 이 사회는 기술진보로 5,000시간의 노동을 절약할 수 있게 되었다. 사회는 이 여분의 시간, 즉 생산성 이득(productivity gains)을 어떻게 활용할 수 있을까? 물론 이 사

회는 이 생산성 이득을 사회적으로 유용하게 활용하는 대신 낭비할 수도 있다. 이전 컴퓨터 생산에 배분되었지만 이제는 절약할 수 있는 5,000시간이 실업상태에 빠지는 경우가 이에 해당한다. 상품에 대한 사회적 수요가 불변인 상태에서 상품생산사회의 생산성 증가는 기술적 실업으로 이어질 수 있다. 실제로 우리가 살고 있는 세계에서 이런 일들이 종종 발생한다.

그러나 만일 이 사회가 합리적이고 이성적인 판단에 기반하는 사회라면, 생산성 이득은 저주가 아니라 당연히 축복이 된다. 상품에 대한 사회적 수요가 여전히 불변인 상황이라도 사회는 이 생산성 이득을 노동시간 감소 혹은 여가의 증대 형태로 향유할 수 있기 때문이다. 우리 사례에서 컴퓨터 산업에 종사하는 개인들의 노동시간은 절반으로 줄어들 수 있다. 혹은 상품에 대한 사회적 수요가 증대하는 경우, 사회는 절약된 노동시간을 증가된 욕망을 충족시키기 위해 사용할 수 있다. 예를 들어 텔레비전에 사회적 욕구가 증대하여 시장수요가 증대할 경우, 앞서 절약된 노동시간이 텔레비전을 추가로 생산하는데 사용될 수 있다.

사회적 노동의 재배분을 둘러싼 모든 조정과정이 종결되고, 또한 사회적 총노동의 절약분 5,000시간이 실업상태에 처했다고 가정할 경우, 상품들 사이의 교환비율 혹은 상대가격의 변동 여부를 〔표5〕를 통해 확인해 볼 수 있다. 이를 위해 〔표1〕과 〔표4〕의 정보를 활용하였고, 생산성 변동이 발생한 컴퓨터를 뉴메레르(numeraire)로 사용하였다.

〔표5〕 교환비율 및 상대가격체계 변동(A)

	단위당 노동량 (변화 이전)	상대가격 (변화 이전)	단위당 노동량 (변화 이후)	상대가격 (변화 이후)
1. 곡물	20시간	컴퓨터 0.2대	20시간	컴퓨터 0.4대
2. 텔레비전	125시간	컴퓨터 1.25대	125시간	컴퓨터 2.5대
3. 컴퓨터	100시간	컴퓨터 1대	50시간	컴퓨터 1대
4. 자동차	200시간	컴퓨터 2대	200시간	컴퓨터 4대

요컨대 컴퓨터 생산성의 변동은 컴퓨터와 다른 모든 상품들 사이의 상대가격에 비례적 영향을 미친다.

B. 자동차 부문 사회적 수요 증가 이제 다시 처음 〔표1〕 상황으로 돌아가 자동차에 대한 사회적 수요가 50% 증대하였다고 가정해보자. 이제 시장에서 소비자들은 자동차를 50대 대신 75대를 수요하게 되었다. 이러한 수요 증대에 부응하기 위해 추가적인 노동 공급이 요구되며 이를 위해 사회적 총노동 배분체계는 노동을 재배분하여야 한다. 그런데 어떻게 이

것이 가능한가? 이 질문에 대한 답은 자동차의 시장가격 변동으로부터 구하여야 한다. 수요 증대는 시장에서 자동차 가격의 상승을 초래하고, 이러한 가격 상승은 생산자의 노동시간을 모두 보상하고 거기에 더해 추가의 이득을 가져다 주므로, 다른 부문에서 조업하던 생산자들을 자동차 부문으로 이끌어 모을 것이다. 왜냐하면 후자의 경우 자기 부문에서는 노동시간과 가격이 일치하여 추가적 이득이 0인 상태였기 때문이다. 이들이 기존의 부문에서 나와 자동차 부문으로 들어오는 과정을 **진입과 이탈**(entry and exit)이라고 부른다. 이 과정은 생산자들이 추가적 이득을 얻기 위해 분투하는 과정에서 발생하는 것이므로 **경쟁**(competition)이라고도 부른다.

자동차의 수요 증대에 부응하기 위해 다른 부문들로부터 생산자가 진입해온 결과, 이제 자동차 부문에 배분된 총노동시간은 10,000시간에서 15,000시간으로 5,000시간만큼 증대한다. 자동차 산업 내 생산자 수의 증가로 인해 자동차 공급이 증대하게 되고, 따라서 시장가격은 하락하고, 자동차 생산자들이 얻게 되는 초과수익도 점차 사라지게 된다. 초과수익이 모두 사라지게 될 때, 자동차 산업으로의 진입도 더 이상 일어나지 않게 된다. 모든 조정이 종결되고 난 이후, 자동차 생산에 요구되는 노동시간과 시장가격은 다시 일치하게 된다. 다시 시장에서 컴퓨터와 자동차가 교환된다고 가정하고 둘 사이의 교환비율을 확인해 보자.

[표6] 자동차 수요의 증대와 사회적 총노동의 재배분

	사회적 수요	배분노동량	단위당 노동량	상대가격
1. 컴퓨터	100대	10,000시간	100시간	자동차 0.5대
2. 자동차	75대	15,000시간	200시간	컴퓨터 2대

놀랍게도 앞서 A. 생산성 증대의 경우와 달리, 이 경우 상대가격은 변화하지 않는다([표2]와 [표6]를 비교할 것). 컴퓨터와 자동차 단위당 생산에 지출된 노동량의 비율이 여전히 100 : 200 = 1 : 2를 유지하기 때문이다. 이전과 동일하게 컴퓨터 1대의 상대가격은 자동차 0.5대이다. 생산성 증대와 사회적 수요 증대가 상대가격에 미치는 상이한 효과는 단위당 노동시간의 변동 유무와 관련된다. 전자의 경우 정의상 단위노동시간이 변화하지만, 후자는 시장조정이 종결된 이후에도 변화하지 않는다. 특히 후자의 경우 추가 배분된 노동량은 단위 노동량을 변경시키지 않은 채, 증가된 사회적 수요에 부응하기 위해 소진되기 때문이다. 교환비율 결정에서 생산성은 적극적 역할을 수행하지만, 상품수요는 소극적 역할에 그친다.[10]

만일 5,000시간의 새로운 노동공급이 텔레비전 부문에서 2,500시간, 컴퓨터 부문에서 역시 2,500시간 절약으로부터 온 것이라면, 모든 조정과정이 종결된 이후 사회적 총노동의 배분체계는 다음과 같은 결과에 도달한다.

〔표7〕 사회적 총노동 배분체계의 재확립(B)

	사회적 수요	배분 노동량	단위당 노동량
1. 곡물	500톤	10,000시간	20시간
2. 텔레비전	60대	7,500시간	125시간
3. 컴퓨터	75대	7,500시간	100시간
4. 자동차	75대	15,000시간	200시간

이 사회의 사회적 총노동량은 시작점 〔표1〕과 동일하게 40,000시간이었지만 이제 그 산업별 구성이 변경되었음을 확인할 수 있다.

앞서 사례 A의 경우와 유사하게 이 경우 역시 자동차에 대한 사회적 수요 변동에 따른 교환비율 혹은 상대가격의 변

---

10 생산성의 증대는 상품교환비율과 상대가격에 변화를 가져오지만 사회적 수요의 증대는 그렇지 않다는 사실을 기억해두자. 우리는 다음 절에서 이를 좀 더 자세히 설명할 것이다.

화 양상을 〔표8〕을 통해 확인해 볼 수 있다. 이를 위해 〔표1〕과 〔표7〕의 정보를 활용하였다. 또한 계산을 위해 사회적 수요가 중대한 자동차를 뉴메레르로 사용하였다.

〔표8〕 교환비율 및 상대가격체계 변동(B)

	단위당 노동량 (변화 이전)	상대가격 (변화 이전)	단위당 노동량 (변화 이후)	상대가격 (변화 이후)
1. 곡물	20시간	자동차 0.1대	20시간	자동차 0.1대
2. 텔레비전	125시간	자동차 0.625대	125시간	자동차 0.625대
3. 컴퓨터	100시간	자동차 0.5대	100시간	자동차 0.5대
4. 자동차	200시간	자동차 1대	200시간	자동차 1대

사회적 수요 변경에 따라 생산자들의 진입과 이탈 조정과정이 모두 종결된 이후 상품들 간의 상대가격체계는 전혀 변화하지 않았다. 이러한 결과는 앞서 사례 A 생산성 변동의 경우와 좋은 대비를 이룬다. 생산기술(기술조건)이 변화하는 경우 상대가격체계는 변동하지만, 사회적 수요(시장조건)가 변동하는 경우 상대가격체계는 불변이다. 그러나 사회적 수요가 변동하는 경우 상대가격이 불변이라 할지라도 사회적 총노동의 배분구성이 크게 변동한다(〔표1〕과 〔표7〕을 비교할 것). 반면 생산성 변동의 경우 배분구성의 변화는

극히 제한적이다([표1]과 [표4]를 비교할 것). 요컨대 어떤 유형의 변화인가에 따라 사회적 총노동의 배분체계가 반응하는 양상이 상이하다.

C. 곡물 생산부문의 자연조건 악화 그런데 만일 기후와 같은 자연조건의 변화가 발생한다면 어떤 일이 일어날까? 기후조건은 특히 곡물의 생산과정에 영향을 끼칠 것이다. 이제 심한 가뭄과 기후 불순으로 기존의 노동 투입만으로는 곡물 생산이 500톤에서 400톤으로 하락하였다고 하자. 혹은 예전과 동일한 곡물 500톤을 생산하기 위해서는 기존의 노동보다 더 많은 노동이 투입되어야 한다고 해보자. 어느 경우이든 불리한 자연조건으로 인해 농부들은 동일한 곡물 한 단위를 수확하기 위해 예전 20시간 보다 더 많은 노동, 예컨대 25시간을 지출해야만 한다. 결국 곡물 한 단위를 획득하기 위해 인간이 지출하여야 할 노고가 25% 증가한 셈이다.

기후와 같은 자연조건의 변동은 동일한 생산 결과를 얻기 위해 요구되는 인간의 노고를 변경시킨다. 그런데 인간의 노고, 즉 노동량은 기술진보의 경우에도 변경된 바 있다(사례 A). 따라서 우리는 자연조건의 변동을 기술진보와 같은 생산조건의 변화로 간주할 수 있다. 불리한 자연조건은 일종의 기술진보의 후퇴 혹은 생산성의 하락으로 이해될 수 있다.

먼저 곡물 생산량이 400톤으로 감소하고 곡물에 대한 사회적 수요 역시 그에 조응하여 400톤으로 감소한 경우를 가정해보자. 이 경우 곡물 수요는 공급 제약으로 인해 강제적으로 억압되었다고 볼 수 있다. 그 결과 곡물부문에 대한 사회적 총노동의 배분량은 불변이지만 생산량의 감소로 단위당 노동량은 증대한다.

[표9] 곡물생산에서의 자연조건의 변화

	사회적 수요	생산량	배분노동량	단위당 노동량
기후 악화 이전	500톤	500톤	10,000시간	20시간
기후 악화 이후	400톤	400톤	10,000시간	25시간

그런데 곡물은 생계수단 가운데 가장 중요한 대상이고, 따라서 사람들이 소비를 줄이는 것이 여의치 않다고 하자. 이로 인해 사람들이 다시 곡물 수요량을 400톤에서 500톤으로 증대시켰다고 하자. 이미 앞서 사례 B에서 살펴보았듯이 사회적 수요의 증대는 단위 노동량이나 교환비율에 전혀 영향을 미치지 못한다. 이 사회의 곡물 수요가 다시 500톤으로 증가할 경우, 이를 공급하기 위해 추가적인 노동 2,500시간이 다른 부문으로부터 곡물부문으로 이동하여야 한다. 이

모든 진입과 이탈의 조정과정이 종결된 이후에도 앞서 〔표 9〕의 경우와 동일한 단위당 노동량을 유지할 것이다.

〔표10〕 곡물부문의 노동 재배분

	사회적 수요	생산량	배분노동량	단위당 노동량
노동 재배분 이전	500톤	400톤	10,000시간	25시간
노동 재배분 이후	500톤	500톤	12,500시간	25시간

만일 곡물의 사회적 수요를 이전과 동일하게 500톤으로 유지하기 위해 필요한 추가 노동공급이 예를 들어 텔레비전과 자동차 부문에서 각각 1,000시간, 컴퓨터 부문에서 500시간이 이탈하여 진입해 온 것이라고 가정하자. 이로 인한 새로운 사회적 총노동의 재배분 결과는 다음과 같다.

〔표11〕 사회적 총노동 배분체계의 재확립(C)

	사회적 수요	배분 노동량	단위당 노동량
1. 곡물	500톤	12,500시간	25시간
2. 텔레비전	72대	9,000시간	125시간
3. 컴퓨터	95대	9,500시간	100시간
4. 자동차	45대	9,000시간	200시간

자연조건 악화로 인해 생산성 하락 효과가 발생하고 그럼에도 사람들의 사회적 수요가 여전히 이전과 동일하게 유지될 경우, 〔표1〕과 〔표11〕을 사용하여 교환비율 및 상대가격의 변동을 〔표12〕와 같이 확인할 수 있다. 이를 위해 변동이 발생한 부문의 생산물인 곡물을 뉴메레르로 사용하였다.

〔표12〕 교환비율 및 상대가격체계 변동(C)

	단위당 노동량 (변화 이전)	상대가격 (변화 이전)	단위당 노동량 (변화 이후)	상대가격 (변화 이후)
1. 곡물	20시간	곡물 1톤	25시간	곡물 1톤
2. 텔레비전	125시간	곡물 6.25톤	125시간	곡물 5톤
3. 컴퓨터	100시간	곡물 5톤	100시간	곡물 4톤
4. 자동차	200시간	곡물 10톤	200시간	곡물 8톤

자연조건(생산성)과 수요가 모두 변동하는 경우 상대가격체계가 변경되는 것처럼 보인다. 그러나 이러한 변화는 어디까지나 생산성 변동으로 인해 초래된 것이지 수요 변동과는 무관하다. 이는 앞서 결과에 미루어 충분히 예상할 수 있는 일이다. 생산성은 상대가격을 변동시키지만, 그 이후 발생한 사회적 수요 변동은 상대가격의 추가적인 변화를 전혀 가져오지 못하기 때문이다.

앞서 논의를 검토함으로써 우리는 상품생산사회에 관한 두 가지 중요한 결론을 내릴 수 있다. 첫째, 사회적 분업 원리에 따라 사회적 총노동은 각 상품의 생산부문으로 배분된다. 40,000시간의 사회적 총노동은 곡물, 텔레비전, 컴퓨터, 자동차 등 4개의 산업 부문에 할당되었다([표4], [표7], [표11]을 참고할 것). 이러한 자원배분은 한 사회의 경제적 재생산을 위해 반드시 필요한 과정이다. 어떠한 사회이든 자원배분은 그 존립에 필수적이며 상품생산사회의 경우에도 예외가 아니다.

둘째, 각 생산물의 교환비율은 사회적 총노동이 각 부문에 배분된 비율에 의존한다. 특정 부문의 생산과정에서 생산성이 변동할 경우, 이 상품의 교환비율 혹은 상대가격은 변화한다. 이러한 생산조건의 변동으로 인한 상대가격 변화는 지속적이고 영구적이다. 반면 특정 상품의 사회적 수요가 변동할 경우, 단기적으로 교환비율 혹은 상대가격이 변화할 수 있다. 그러나 이러한 상대가격 변화로 인해 진입과 이탈의 과정이 촉발되고 이 과정을 통해 다시 상품의 상대가격은 원래대로 되돌려진다. 따라서 수요조건의 변동으로 인한 상대가격 변화는 일시적이다. 이처럼 어떤 유형의 변동이 발생하는가에 따라 교환비율이나 상대가격의 변화 양상이 달라진다(사례 A, B, C 참고할 것).

이러한 발견의 함의를 다음과 같이 일반적 형태로 요약할 수 있다.

> 상품들은 시장에서 서로 특정한 비율로 교환된다. 또한 상품들은 사회의 총가용 노동력 가운데 시간 단위로 측정된 특정한 양의 노동력을 흡수한 상태이다. 이 두 가지 사실 사이의 관계는 무엇일까? 접근의 첫 단계로 마르크스는 교환의 비율과 노동시간의 비율 사이에 정확한 대응관계가 있다고 가정한다. 다시 말해 생산되는데 똑같은 노동시간이 요구되는 상품들은 서로 일대일로 교환된다고 가정한 것이다. 이것은 가장 단순한 공식이며 따라서 좋은 출발점이 된다(P. M. 스위지, 2009, 69).

상품의 교환비율 배후에 사회적 총노동의 배분체계의 작동이 있다는 사실은 상품생산사회의 가장 근본적 작동원리인 가치법칙으로 이어진다. 다음 절에서 우리는 이 주제를 살펴볼 것이다.

이 소절을 마감하기 전에 한 가지 유의할 점을 지적하고자 한다. 우리는 사회적 분업체계 혹은 사회적 총노동체계의 노동배분 과정을 마치 사회라는 단일한 의사결정주체가 수행한 것인 양 묘사하였다. 다시 말해 우리는 설명의 편의를 위해 불가피하게 노동배분의 주체로 사회를 의인화하였다. 그러나 상품생산사회의 현실은 이와 상이하다. 실제의 노동배분 과정은 무수히 다양한 개별 생산자들의 독립적인 결정들의 총합을 통해 이루어진다. 이들 생산자들이 분권적 결정을 통해 기존 산업으로부터 이탈하거나 새로운 산업으로 진입한다(이 점은 앞서 언급되었지만 충분히 강조되지 못하였다). 단일한 계산단위에 의한 노동량 배분 결정은 분업 및 교환이 아니라 오히려 계획(planning)의 원리에 부합한다. 그럼에도 이 절에서의 설명방식은 현실에 대한 일차적 근사(the first approximation)로서 손색이 없다.

3.2 가치법칙

> 그리고 사회적 노동의 연관이 개인적 노동생산물들의 사적 교환으로서 실현되는 사회 상태에서 노동의 이러한 비례적 배분이 관철되는 형태가 바로 이들 생산물의 교환가치입니다(K. 마르크스, 1990, 181).

우리가 살고 있는 사회가 분업에 기반한 사회라면 결국 교환이 그 뒤를 이어야 한다. 그런데 상품생산자들 사이에 상품이 서로 교환된다는 것은 다름아니라 상품 생산에 지출된 노동이 서로 교환된다는 것과 동일한 말이다. 따라서 주어진 기간 동안 한 사회가 동원할 수 있는 노동량이 주어져 있다면, 이 노동의 배분과 이들 사이의 교환이 상품 교환을 규제할 것이다. 따라서 앞서 제사 인용문대로 사회적 노동의 연관 관계가 개별 노동 생산물의 사적 교환으로 나타나는 사회에서, 노동의 이러한 비례적 배분이 스스로를 관철하는 형식이 바로 이 생산물들의 교환가치가 된다. 어느 물적 대상이 교환가치를 갖게 된 것은 사회 총노동의 일정 부분이 그 대상의 생산에 배분되었기 때문에 그 대상이 갖게 된 특수한 속성 때문이다. 분업과 교환에 기초한 거래양식은 불가피하게 노동생산물에 가치 혹은 교환가치라는 낙인을 찍게 된다. 따라서 가치나 교환가치는 특정한 거래양식에 내재하는 일정한 사회적 관계를 내포하게 된다.

> 상품의 교환은 본질적으로 그것을 생산한 사람들의 노동의 교환이라는 견해는 세기가 진행됨에 따라 당연한 것이 되었다 . . . 상품은 단지 그 생산에 '사회의 노동의' 일부가 할당되었다는 것만으로 교환가치를 갖는 것이라는 점이 점차로 자명해졌다. '노동'이 그것에 지출되었다는 것만으로는 충분하지 않았다. 후에 마르크스가 서술하였던 대로, 이 노동이 "사회 내의 분업에 종속된다는" 것이 필요했다. 사회적 노동이 상품에 교환가치를 줄 수 있는 유일하고 독자적인 비용으로서 서서히 인식되어졌다. 상품간의 가치관계는 사람들 사이의 사회적 관계의 반영으로서 나타났다(R. L. 미크, 1985, 99-100).

교환의 영역에서 나타나는 여러 상품 간의 가격관계는 본질적으로 생산의 영역에 존재하는 상품생산자로서 인간과 인간 사이의 사회 경제적 관계의 반영이다(R. L. 미크, 1985, 415).

모든 상품이 교환가치라는 사실은 분업과 사적 소유에 의해 원자화된 사회, 곧 공동의식을 가지지 않음에도 불구하고 하나의 생산 공동체를 형성하고 있는 사회에서 생산자들이 자기의 물질적 생산물의 매개를 통해서만 서로 관련을 맺는다는 것을 의미한다(R. 힐퍼딩, 2011, 31-32).

일반적으로 하나의 개별적 생산단위(예를 들어 이후 인용문에 등장하는 매뉴팩처) 내부에서는 기술적 분업에 기초한 비례성의 원칙(the principle of proportionality)이 지배한다. 만일 기술적 필요가 변경된다면, 예를 들어 한 생산단계에서 기술혁신이 발생한다면, 상이한 단계 사이에 수요되는 노동인력의 비율이 변경된다. 따라서 생산단위는 노동인력의 배치를 의도적으로 그리고 계획적으로 변경한다. 반면 경제 전체 차원에서는 동일한 비례성의 원칙이 사회적 분업이라는 상이한 과정에 의해 지배된다. 같은 분업이라 할지라도 기술적 분업은 사전적 계획에 의해 운영되지만, 사회적 분업에는 동일한 원리가 존재하지 않으며 따라서 산업은 무정부상태에 놓이게 된다. 만일 특정 산업부문에서 기술진보가 발생한다면, 사회적 총노동은 새롭게 변경된 비례성

요구에 따라 각 산업별로 다시 재편성된다. 이 노동의 재배분 과정은 질서정연한 계획적 과정과는 거리가 멀다. 분권적 생산단위들의 독립적 결정을 통해 기존 산업으로부터의 이탈(exit)과 새 산업으로의 진입(entry)이 이루어지기 때문이다. 따라서 앞서 기술적 분업이 **계획**(planning)이라는 권위에 의해 지도되고 있다면, 사회적 분업은 오로지 **경쟁**(competition)에 의해 지도되고 있다고 볼 수 있다. 마르크스에 따르면,

> 매뉴팩처 안의 분업이 의거하고 있는 계획되고 규제되는 사전적 체계는, 사회 안의 분업에서는 생산자들의 규제받지 않는 변덕을 통제해야 하는 자연적인 사후적 필연성(이것은 시장가격의 변동에서 알 수 있다)으로 변한다. 매뉴팩처 안의 분업은 자본가에게 속하는 전체 메커니즘의 구성원에 지나지 않는 노동자들에 대한 자본가의 무조건적 권위를 내포하지만, 사회 안의 분업은 경쟁이라는 권위 밖에는, 즉 상품생산자들 상호간의 이익 대립이 자기들에게 가하는 강제 외에는 다른 어떤 권위도 인정하지 않는 독립적 상품생산자들을 서로 대립시킨다(『자본 1(상)』, 484).

사회적 총노동의 배분과정은 다름아닌 개별 상품생산자들 간의 경쟁과정을 통해 진행되며 따라서 불가피하게 무정부적이다. 그러나 그 무정부성에도 불구하고 이러한 과정의

전반적 양상에는 몇가지 법칙적 패턴이 존재하는데 우리는 그것을 다음 몇 개의 명제로 요약할 수 있다. 이들 명제들을 모두 통칭하여 가치법칙(The Law of Value)이라고 부른다. 가치법칙은 상품생산사회를 규제하는 가장 근본적인 원리이다. 상품생산사회에 참가하는 모든 개인들은 이를 게임의 규칙(the rules of game)으로 받아들여야 한다.

〔명제 1〕 **상품과 상품 간의 교환비율은 사회적 총노동이 각 상품 생산에 배분한 비율에 의존한다.** 앞서 이미 언급된 이러한 사정을 좀 더 일반적으로 표현해보도록 하자. 예를 들어 경제 전체 내 동원가능한 사회적 총노동을 L이라고 하자. 이 총노동은 경제 내 k개 생산 부문에 배분된다($L = l_1 + l_2 + l_3 + \ldots l_k$). 이제 각 생산부문에서 생산된 생산물의 수량을 $n_1, n_2, n_3, \ldots n_k$라고 하자. 따라서 각 생산물 단위 생산에 지출된 노동량은 각각 $l_1/n_1, l_2/n_2, l_3/n_3, \ldots l_k/n_k$가 될 것이다. 이 경우 예를 들어 j부문 상품과 k부문 상품 간의 교환비율은 각 상품의 단위생산 노동량에 반비례한다. 만일 $l_j/n_j : l_k/n_k = 1 : 2$라면 두 상품 간의 교환비율은 그 역수인 $2 : 1$이 되어야 한다.

만일 상품 간의 교환비율이 사회적 총노동의 배분 비율에 의해 결정된다면, 특정 상품의 교환가치는 그 상품 생산과정에서 지출된 노동량에 의해 결정된다고 말할 수 있다. 따라서 우리는 〔명제 1〕로부터 다음의 따름 명제를 유도할 수 있다.

〔명제 1a〕 **상품의 교환가치는 그 상품의 생산과정에서 지출된 노동량에 의해 결정된다.** j번째 상품 2단위가 k번째 상품 1단위와 시장에서 교환된다면, 다시 말해 j번째 상품의 교환가치가 k번째 상품의 1/2배에 해당한다면, 동일한 한 단위를 생산하기 위해 전자의 생산과정에서는 후자의 생산과정에서 지출된 인간 노동의 절반이 지출되어야 한다. 그런데 이러한 사정은 다음과 같은 또 다른 따름 명제를 이끈다.

〔명제 1b〕 **시장에서 교환된 두 상품들에는 동일한 노동량이 체화되어 있으며 따라서 등가교환이 이루어진다.** j번째 상품 2단위와 k번째 상품 1단위에는 동일한 인간노동량이 체화되어(embodied) 있다. 왜냐하면 두 생산과정에서 동일한 노동량이 투하되었기 때문이다. 따라서 전자와 후자가 교환된다면 동일한 노동량이 서로 교환된 것이다.

〔명제 1〕과 그에 수반되는 두 개의 따름 명제 사이의 관계를 다음과 같은 방식으로 이해할 수 있다.

> 교환에서 상대방에게 넘겨주는 양은 사회적 생산의 일부분으로서만 계산되며, 후자는 다시 사회가 그것에 할당하는 노동시간에 의해 양적으로 결정된다. 여기에서 사회는 전체 노동력을 사용해 총생산물을 생산하는 하나의 통일체로 파악되

며, 개인과 그의 노동력은 사회의 기관(organ)에 불과하다. 이러한 역할에서 개인은 노동의 강도와 생산성이 사회의 평균과 같다고 가정했을 때, 자기 자신의 노동력이 총노동력에 평균적으로 참가하는 정도까지 생산물의 분배에 참여하게 된다 … 총생산물에 대한 총노동시간이 주어져 있다면 교환은 이와 같은 사실을 표현하지 않으면 안 된다. 교환되는 상품들 사이의 양적 비율이 그것들의 생산에 지출된 사회적으로 필요한 노동시간의 양적 비율과 일치하는 경우에 이 사실이 가장 단순한 방식으로 표현된다. 이 경우 상품은 자신의 가치대로 교환된다(R. 힐퍼딩, 2011, 25-26).

〔명제 2〕 특정 상품 생산과정에서 기술진보로 생산성이 증대되고, 생산성 증대로 노동이 절약될 경우, 이 상품과 다른 상품 간의 교환비율이 변경된다. 앞의 절 사례 A에서 우리가 발견한 사실은 기술진보와 이로 인한 생산성 증대는 반드시 상품 사이의 교환비율에 영향을 미친다는 점이다(〔표5〕 및 〔표12〕 참고). 생산조건의 변동이 교환비율, 혹은 교환가치에 직접 영향을 미친다는 것은 노동가치론의 중요한 함의이다.

〔명제 3〕 특정 상품에 대한 사회적 수요의 변경은 이 상품과 다른 상품 간의 교환비율에 영향을 끼치지 못한다. 앞서 생산성 증대의 경우와 달리 사례 B의 경우처럼 사회적 수요의 변동은 궁극적으로 교환비율에 영향을 미치지 않는다

([표8] 참고). 다시 말해 상품 간 교환비율은 상품에 대한 인간의 욕망에 중립적이다. 상품의 교환가치를 결정하는 것은 인간의 필요나 욕구가 아니라 생산의 조건이다. 이 점 역시 노동가치론의 중요한 함의이기도 한데 조금 더 상세히 살펴보기로 하자.

한 경제 전체가 비퍼(beeper) 시장과 스마트폰 시장으로만 구성되어 있다고 가정해보자. 비퍼는 스마트폰 사용 이전에 사람들이 간단한 텍스트 정보를 전달하는데 사용하였던 소형 기기이다. 스마트폰은 음성대화까지 가능한 더 뛰어난 통신기기이므로 순식간에 비퍼를 대체하게 되었다. 이 과정을 다음과 같이 수요공급 모형으로 묘사할 수 있다.

사람들이 비퍼를 대신하여 스마트폰을 쓰게 되면서 스마트폰 시장의 수요가 $\varDelta D$ 만큼 증대한다. 이는 [그림1]에서 스마트폰의 수요곡선이 D_a에서 D_b로 이동한 것으로 나타난다. 이에 대응하여 시장 균형도 e_1에서 e_2로 변경된다. 가격은 P_a에서 P_b로 상승하고, 시장 거래량도 Q_1에서 Q_2로 증대한다. 그러나 상품생산사회에서 조정과정은 이제 막 1막이 끝난 것에 불과하다. 조정의 제2막이 그 뒤를 따른다. 스마트폰 시장의 가격 상승과 수익 증대에 고무되어 비퍼 생산자들이 스마트폰 시장으로 진입하기 때문이다. 비퍼 시장에서는 비퍼 수요가 감소하여 일부 생산자들이 실업 상태에

〔그림1〕 스마트폰 산업의 수요 증대와 공급의 반응

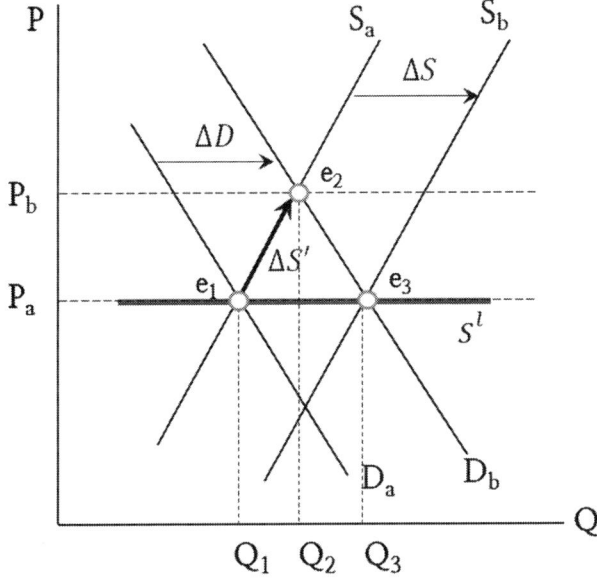

놓여 있었는데, 이제 이들이 스마트폰 시장의 수요 증대라는 기회를 엿보고 새로운 시장에 참여한 것이다. 비퍼 생산자의 진입으로 스마트폰 시장의 생산자 수가 증대하므로 이제 스마트폰 시장의 공급이 ΔS 만큼 증대한다. 이는 〔그림1〕에서 스마트폰의 공급 곡선이 S_a에서 S_b로 이동한 것으로 나타난다. 이에 대응하여 시장 균형도 e_2에서 e_3로 변경된

다. 가격은 P_b에서 다시 P_a로 복귀하지만, 시장 거래량은 Q_2에서 Q_3로 더욱 증대한다.

모든 과정이 종결된 균형점 e_3에서 스마트폰 생산량은 최초의 균형점 e_1에 비해 (Q_3 - Q_1)만큼 증대한다. 이 가운데 일부인 (Q_2 - Q_1)은 비퍼 생산자의 진입이 없이도 기존 스마트폰 생산자의 공급 증대($\Delta S'$)를 통해 생산된 것이다. 반면 또 다른 일부인 (Q_3 - Q_2)는 새로 진입한 비퍼 생산자들의 추가 공급을 통해 생산된 것이다.

스마트폰의 사회적 수요가 증대할 경우, 상품생산사회는 사회적 총노동을 다시 재배분할 필요가 발생한다. 이전에 비해 사회적 수요가 감소한 비퍼 산업에서 사회적 수요가 증대한 스마트폰 산업으로 노동의 재배치가 요구될 것이다. 어떻게 이 과정이 완수될 수 있는가? 가격이 P_a에서 P_b로 변동하였고 이에 따라 비퍼 생산자들이 이탈과 진입(exit and entry)이라는 결정을 내렸기 때문이다. 다름아닌 시장 경쟁이 이러한 목표를 달성한다. ΔS는 이러한 사회적 총노동의 재배분 과정에 대응한다.

이 모든 과정을 돌이켜 보면, 스마트폰과 다른 상품과의 교환비율 혹은 스마트폰의 시장가격은 일시적으로 혹은 **단기적으로** P_b까지 상승하지만, 최종적으로 다시 출발점 P_a로 되돌아온다는 것이 확인된다. 다시 말하면 스마트폰에 대한 사회적 수요와 욕구가 증대하고 사회적 총노동체계가 이러한 요구를 수용해 새롭게 노동자원을 재배치하지만, 이 과정에서 스마트폰 상품의 교환비율은 전혀 영향을 받지 않는다. 최소한 장기에서는 대상에 대한 인간의 욕구는 상품 간 상대가격이나 교환비율에 영향을 미칠 수 없다. 이로서 앞서 〔명제 3〕이 재확인된다. 이를 반영하여 〔그림2〕에서와 같이 스마트폰의 장기공급곡선은 P_a 높이에서 수평의 모습을 갖는 S^l이 된다. S_a나 S_b는 단기의 시장공급곡선으로 기울기를 갖지만 S^l은 장기공급곡선으로 평탄한 모습을 갖는다.

만일 스마트폰 생산 과정에서 기술혁신이 발생하여 스마트폰 한 대 생산에 예전보다 더 적은 노동이 지출된다고 하자. 이 경우 스마트폰의 교환비율과 그 상대가격은 하락할 것인데 이러한 사정 또한 수요공급모형으로 묘사할 수 있다.

예를 들어 기술혁신으로 스마트폰 생산과정의 생산성이 2배 증대하였다고 가정해보자. 이 경우 스마트폰 생산에 지출되는 노동량이 1/2배로 감소하므로, 스마트폰의 상대가격 역시 1/2배로 감소할 것이다. 이를 반영하여 수평의 장기공급곡선은 S^l 위치에서 $S^{l\prime}$ 위치로 하향 이동한다. 이로써 앞서 〔명제 2〕가 재확인된다.[11]

기술 및 자연 등 생산조건이 변화한다면, 이에 조응해 사회적 총노동이 재배분된다. 마찬가지로 욕구나 필요 등 수

〔그림2〕 스마트폰 생산과정에서의 기술혁신 결과

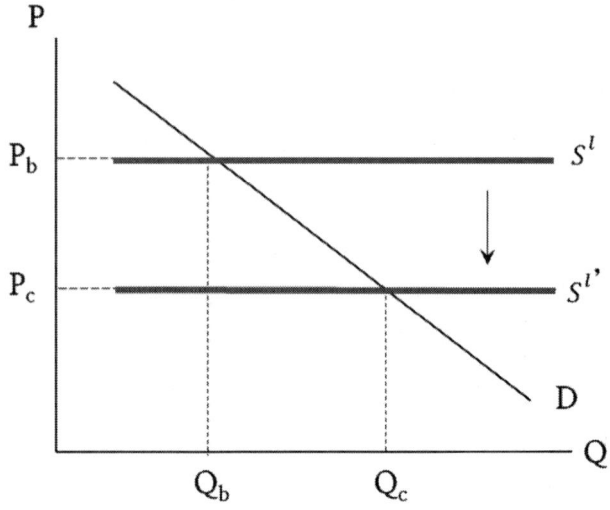

요조건의 변화로도 사회적 총노동의 재배분이 발생한다. 그러나 오직 전자의 경우만이 상품의 교환비율을 영구히 변동시킨다. 후자의 경우 상품의 교환비율 변경은 일시적이고

---

11 스마트폰 생산조건 변동은 시장가격 하락 및 시장거래량 증대로 귀결된다. 이후 살펴볼 「모나리자」 수요조건 변동의 경우 최종 결과는 시장가격 상승 및 시장거래량 불변으로 귀결되는데 이는 스마트폰의 경우와 좋은 대비를 이룬다. 이후 검토하겠지만 이러한 차이는 스마트폰이 재생산 가능한 상품인데 반해, 「모나리자」는 재생산 불가능한 상품이라는 점에 기인한다.

장기에서 그 비율은 다시 원래 수준으로 회귀한다. 우리는 이미 앞의 소절에서 이를 살펴본 바 있다(71쪽 참고). 이러한 사실은 상품생산사회에서 교환가치의 규제자는 생산이지, 유통이나 소비가 아니라는 점을 일깨워준다. 이러한 관점에서 노동가치론은 유통이나 소비에 앞서 생산을 강조하는 경향이 있는데 이를 **생산의 우위**(the primacy of production)라고 한다.

사회적 수요가 변화한 직후 스마트폰 가격(P_b)은 원래 사회적 총노동체계가 결정한 교환가치(P_a)와 차이가 난다 ($P_a \langle P_b$). 이러한 차이와 괴리는 사회적 총노동의 재배분을 통해서 다시 소멸된다. 혹은 사회적 총노동의 재배분을 위해서는 이러한 차이와 괴리가 요구된다. 따라서 일시적으로나마 현실에서 관찰되는 시장가격이 사회적 총노동체계에 의해 정해진 (교환)가치와 일치하지 않는다는 점은 오히려 당연한 일이다. 이를 두고 노동가치론을 비판하는 것은 정당한 비판이 될 수 없다. 만일 현실 시장가격과 (교환)가치가 완전히 일치하고, 이 둘 사이의 일치가 불변이라면, 그것은 상품생산사회가 조절되는 방식 그 자체가 더 이상 작동하지 않고 있음을 의미한다. 이 경우 사회적 수요의 변동에 따른 총노동의 재배분이 아예 불가능하기 때문이다.

가격과 가치량 사이의 양적 불일치의 가능성, 즉 가격이 가치량과 괴리할 수 있는 가능성은 가격형태 그 자체에 내재하고 있다. 이 사실은 결코 가격형태의 결함이 아니라, 오히려 반대로 이 가격형태를 [법칙으로 끊임없는 불규칙성 사이에서 맹목적으로 작용하는 평균으로서 자신을 관철할 뿐인] 생산양식에 적합한 것으로 만든다(『자본 1(상)』, 133).[12]

이로부터 다음 명제가 성립한다. 〔명제 4〕 상품의 시장가격과 교환가치 사이의 불일치를 통해 사회적 총노동의 재배분 과정이 진행되고 상품생산사회의 질서가 실현된다. 불일치와 괴리는 시스템의 일부이며 게임의 규칙이다. 그것은 시스템의 결함이 아니라 오히려 시스템의 작동방식이다. 만일 이러한 불일치를 통한 상품생산사회의 규제 원리가 잘

---

12 다음은 이에 대한 M. 이토의 설명이다. "가격은 마르크스 가치 개념 밖에 있는 것이 아니라 오히려 가치형태로서의 가치의 전개에 있어 필수불가결한 것이라는 사실에 주의하라. 가치의 가격표현은 사적으로, 무정부적으로 주어지며, 따라서 그것은 직접적으로 사회적 객관적인 것은 아니다. 그러나 "상품가치표현을 위한 재료를 제공"할 뿐만 아니라(1권, 94, 188) "상품가격을 실현함으로써 매매수단"으로 반복하여 기능하는(1권, 115, 211) 화폐의 기능은 가격수준의 조정을 강제한다. 상품소유자들은 자기 상품에 대한 구매가 충분치 않을 때 상품가격을 하락시켜야 하며, 그 역도 마찬가지이다. 상품소유자로 하여금 상품가격을 조정하도록 함으로써 반복된 매매는 가격의 경향적 중심을 보여주며, 따라서 상품가격의 변동을 통해 상품가치를 측정하게 한다(M. 이토, 1988, 50)."

작동한다면, 시스템은 다시 일시적 안정을 찾게 되고 생산 부문 간의 비례와 균형이 회복된다. 이제 상품생산사회 내 하나의 질서가 창출된다. 상품생산사회의 이러한 바텀 업 방식(bottom up approach)의 질서 창출은 일종의 **자생적 질서**(spontaneous order)를 낳는 과정이다.

물론 이러한 질서는 언제나 확정된 최종 결과로서 존재하는 것이 아니라 '불일치 → 조정 → 일치' 라는 항구적인 변동 과정을 통해서만 보증된다. 질서와 균형은 고정된 것이 아니라, 단지 그것의 지향으로서만 존재할 수 있고, 현실은 언제나 유동과 동요의 상태에 놓여 있다. 무질서를 통해서 질서가 형성되며, 불균형의 형태로 균형이 관철된다.

> 가치법칙은 여기서는 오직 내재 법칙으로서 또는 개개의 당사자에 대해서는 맹목적인 자연법칙으로서 작용할 뿐이며, 우연적인 변동들 가운데서 생산의 사회적 균형을 유지한다(『자본 3(하)』, 1115).

앞서 살펴 본 바대로 사회적 수요의 변동과 이에 조응하는 사회적 총노동의 재배분은 생산자들의 진입 및 이탈을 수반하였다. 그리고 이를 통해 상품생산자는 최신의 수요조건을 지속적으로 업데이트하여 자원배분을 갱신하고 그 결과 균형이 새롭게 달성된다. 따라서 균형은 일종의 무빙 타깃(moving target)이다.

그러나 모든 사회적 수요의 변동이 반드시 노동의 재배분을 가져오는 것은 아니다. 예를 들어 스마트폰 대신 L. 다빈치의 예술작품인 「모나리자」를 생각해보자. 예술품의 경우 진품은 하나 밖에 없으므로, 이 예술품에 대한 수요나 욕구가 증대한다 해도 사회적 총노동의 재배분을 통한 생산 증대는 불가능하다. 생산 조정이 불가능한 상황에서 수요 증대는 이 상품의 상대가격이나 교환비율을 더욱 더 증대시킬 따름이다. 따라서 우리는 이와 관련하여 다음의 명제를 추가할 수 있다.

〔명제 5〕 오직 산업적으로 재생산가능한(reproducible) 대상에 한정하여 앞서 명제들이 성립한다. 산업적으로 원활한 공급이 가능하고 추가 생산과정에서 비용이 무한대로 증대하지 않는 대상들의 경우에만 앞서의 가치법칙들이 적용된다. 다시 말해 상품수요가 증가하는 경우 이를 생산이나 공급 측이 감당하고 흡수할 수 있는 경우에만 노동가치론이 유효하다. 욕구와 필요의 변화에 대해 생산이 잘 반응하기 위해서는 일정한 조건이 요구된다. 생산자 사이 경쟁이 잘 작동하여야 하고, 상품의 대량생산이 가능하여야 한다. 독점이나 공급제약이 발생하는 경우, 노동가치론은 적용이 어려워진다. 그러나 전지구적인 공급망과 세계시장 경쟁, 대

규모 고정자본에 기반한 대량생산기술 등, 현재 우리가 살고 있는 사회의 경제적 조건들은 노동가치론 적용의 조건을 잘 만족시켜주는 것으로 보인다.

재생산이 불가능하여 노동가치론의 적용이 어려운 예술품「모나리자」의 경우를 수요공급모형으로 살펴보자.

〔그림3〕「모나리자」예술품의 수요 증대와 공급의 무반응

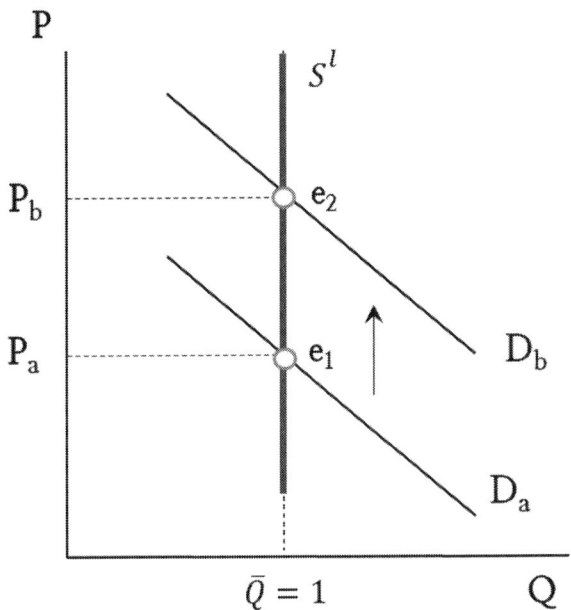

만일 「모나리자」에 대한 수요가 증대한다면 이는 〔그림3〕에서 수요곡선이 D_a에서 D_b로 이동한 것으로 나타난다. 그러나 앞서 스마트폰의 사례와는 달리 사회적 총노동의 재배분을 통한 추가적 공급 증대가 불가능하므로, 가격은 P_b로 상승하고 다시 P_a로 회귀하지 못한다. 이를 반영하여 최초 균형점 e_1과 마지막 균형점 e_2를 이은 수직선이 「모나리자」의 장기공급곡선이 된다. 스마트폰의 장기공급곡선이 수평선이었던 것과는 좋은 대비를 이룬다. 요컨대 〔명제 5〕의 의미는 오직 수평의 장기공급곡선을 갖는 상품의 경우에만 가치법칙이 성립된다는 점을 의미한다.

　수요증가로 인해 발생한 이 예술품 가격은 어디까지 증대할까? 현재 시점에서 P_b의 값은 얼마일까? 비록 「모나리자」 작품 시장이라는 것 자체가 현실에는 존재하지 않기 때문에 확인하기는 어렵지만, 전문가들의 추정에 따르면 그 가격은 대략 40조원 이상일 것으로 추정된다.[13] 만일 「모나리자」 시장이 형성되어 40조원이라는 가격이 결정된다면 이는 재생

---

13 「모나리자」 가격 추산에 대해서는 다음을 참고할 것. "세계에서 가장 비싼 그림은 프랑스 루브르 박물관에 있는 레오나르도 다빈치의 「모나리자」입니다. 미술전문가들은 그 가치를 40조 원 이상으로 추정하고 있죠 ... 일반적으로 그림의 가격은 작품의 미술사적 위치, 질적 수준이나 상태, 비슷한 작품의 거래 가격, 작가나 작품의 인기 및 호응 공감

산이 불가능한 상황에서 오직 수요 증대만으로 초래된 결과이다. 생산이나 공급조건을 강조하는 가치법칙은 예술품에 대하여 적용될 수 없다. 그러나 가치법칙 혹은 노동가치론의 이러한 제한성은 큰 문제가 될 수 없다. 왜냐하면 스마트폰은 우리 생활에 필수적인 기기로 자리잡았지만, 「모나리자」는 우리 생활과 별다른 관련이 없고 앞으로도 계속 그럴 것이기 때문이다. 스마트폰이 없다면 큰 불편을 겪겠지만, 「모나리자」는 없어도 큰 문제가 없을 것이다(비록 미술 애호가들은 크게 상심하겠지만 그럼에도 그들은 여전히 이전과 같은 물적 생활을 영위해 나갈 것이다). 따라서 가치법칙이 배제하는 대상은 우리의 관심사와는 거리가 멀기 때문에, 법칙 적용의 제한성은 큰 문제가 아니다. 이 점은 노동가치론 발전의 중요한 기여자인 D. 리카도에 의해 이미 지적된 바 있다.

> 상품에는 그 가치가 희소성에 의해서만 결정되는 것들이 있다. 어떤 노동도 그런 재화들의 양을 증가시킬 수 없으며 따

의 정도 등으로 산정됩니다. 즉, 그림 가격은 미술사가나 평론가들에 의해 영향을 받고, 이전에 팔린 가격을 기준으로 작품의 질이나 상태, 그리고 최근의 시장 동향을 참조하여 가이드 라인이 결정되는 거죠 (https://news.hmgjournal. com/TALK/ Human/Reissue-sympathy-communication #none)."

라서 그런 것들의 가치는 공급의 증가에 의해 낮아질 수 없다. 약간의 희소한 조상(彫像)과 그림, 진귀한 서적과 주화, 면적이 극히 한정된 특수한 토지에서 재배된 포도로만 만들 수 있는 특이한 품질의 포도주가 모두 이런 유형에 속한다. 이런 것들의 가치는 그것들을 소유하고자 하는 사람들의 부와 기호가 변동함에 따라서 변동한다. 그렇지만 이런 상품들은 시장에서 일상적으로 교환되는 상품 총량의 매우 작은 부분을 차지한다. 욕구의 대상인 재화의 거의 대부분은 노동에 의해 조달되는 것으로서, 그것들은 만약 우리가 그것들을 획득하는데 필요한 노동을 투여할 의향만 있다면 한 나라에서 뿐만이 아니고 여러 나라에서 거의 한정없이 증가시킬 수 있을 것이다. 그래서 상품들에 관해서, 그 교환가치에 관해서, 그리고 그 상대가격을 규제하는 법칙들에 관해서 이야기할 때에 우리는 언제나 인간의 근로를 발휘함으로써 양을 증가시킬 수 있고 또 그것의 생산에는 경쟁이 제약없이 이루어지는 상품들만을 의미한다(D. 리카도, 1991, 74).

노동가치론 적용의 또 다른 예외 대상으로 우리는 파생상품을 들 수 있다. 그것은 상품으로 거래되지만 아직 인간노동이 투하되기 이전의 미실현가치를 가지므로 노동가치론의 직접 적용 대상이 될 수 없다. 파생상품은 지금 현재 조건에서 재생산이 실현되지 않기 때문이다. 앞서 「모나리자」가 과거 노동의 산물로서 그 가치가 고정되었다면, 파생상품은 미래 노동의 산물로서 그 가치가 아직 미정인 상태이다.

우리는 이제까지 가치법칙의 여러 명제들을 설명하기 위해 수요공급모형을 활용하였다. 따라서 어떤 면에서 노동가치론은 수요공급모형과 형식적 정합성을 갖는다. 그러나 이 절을 마무리하면서 수요공급모형의 결정적 결함 하나를 지적하고자 한다. 〔그림1〕의 경우 스마트폰의 출발점 가격은 P_a였고 장기가격 역시 P_a로 귀결되었다. 그러나 수요공급모형은 출발점 가격이 P_a로 정해진 이유에 대해서 아무런 설명도 하지 않았다. 왜냐하면 수요공급모형은 출발점 가격을 처음부터 설명할 능력이 없기 때문이다. 어떤 주어진 시점에서 상품의 가격 수준은 수요공급이론이 아니라 노동가치론에 의해 설명될 수 있다. 〔그림1〕에서 스마트폰의 출발점 가격이 P_a였던 이유는 바로 그 크기만큼의 인간 노동량이 지출되었기 때문이다. 만일 스마트폰 생산과정에서 지출되는 노동량이 변동된다면 출발점 가격의 높이도 달라질 것이다. 〔그림2〕의 사정이 이를 설명해준다. 애초에 스마트폰 생산에 필요한 노동량이 감축되었으므로 출발점 가격은 P_b에서 P_c로 낮아진다. 따라서 상품의 가격수준 결정과 관련해 이론적으로 노동가치론은 수요공급모형에 비해 우월하다고 볼 수 있다. 수요공급모형이 단순한 가격 변동 설명에 그친다면, 노동가치론은 이러한 변동의 중력 중심점(center of gravity)을 설명하기 때문이다.

수요와 공급이 일치하면 다른 모든 조건이 불변일 때 가격의 변동은 멈춘다. 그러나 그럴 경우 수요와 공급 또한 어떤 것도 더 이상 설명해주지 못한다. 예를 들어 수요와 공급이 균형상태에 있을 때 노동의 가격은 자연가격으로 그 자연가격은 수요와 공급의 관계와는 전혀 무관하게 결정된다. 마르크스는 대개 고전학파 경제학이 가정하는 소위 자연적 상태 혹은 균형상태에 있는 가격만을 다룬다. 신발의 가격이 평균적으로 셔츠의 가격 보다 더 비싼 이유는 셔츠의 수요와 신발의 수요 사이의 차이와 아무런 관련이 없다. 그것은 과거와 현재의 노동량에 의해 결정된다. 공급과 수요 그리고 가격 변동은 경제가 균형으로 수렴하는데 결정적으로 중요하다. 그러나 그것은 이 균형이 어디에서 성립할지에 대해서는 아무것도 말해주지 않는다(D. 하비, 2016, 48-49).

사회적 분업체계와 교환비율 사이에 성립하는 앞서의 명제들은 특정한 사회적 관계에 기반하며 따라서 역사적 성격을 갖는다. 교환가치를 둘러싼 사회적 관계는 역사 발전의 특정한 단계에 이르러서야 인식가능하게 되었다. 이러한 사실을 처음으로 깨달은 것은 다름아닌 A. 스미스와 D. 리카도, 그리고 J. 로크와 같은 부르주아 이론가들이었다. 그들의 이러한 인식이 이론화되어 가치법칙이 정립되었다. 역사적으로 대의제 민주주의가 부르주아지의 산물이듯이, 가치법칙 역시 부르주아 사상가들의 이론적 산물이었다. 가치법칙 혹은 노동가치론에 도달하기 위해 스미스가 선택한 출발점이 사회적 분업이었던 반면[14], 로크의 선택은 소유였다. 분업과 사적 소유는 상품생산사회의 출발점이다.

> 각종 물품을 획득하는데 필요한 노동의 양 사이의 비율이 물품들 상호 간의 교환에 어떤 법칙을 제공해줄 수 있는 유일한 요인인 것 같다(A. 스미스, 2007, 60).

> 한 상품의 가치, 즉 그 상품과 교환될 다른 어떤 상품의 양은 그 생산에 필요한 상대적 노동량에 의존하지, 그 노동에 대해 지급되는 보수의 많고 적음에 의존하지 않는다(D. 리카도, 1991, 73).

> 비록 대지와 모든 열등한 피조물은 만인의 공유물이지만, 그러나 모든 사람은 자신의 인신에 대해서는 소유권을 가지고 있다. 이것에 관해서는 그 사람 자신을 제외한 누구도 권리를 가지고 있지 않다. 그의 신체의 노동과 손의 작업은 당연히 그의 것이라고 말할 수 있다. 그렇다면 그가 자연이 제공하고 그 안에 놓아둔 것을 그 상태에서 꺼내어 거기에 자신의 노동을 섞고 무언가 그 자신의 것을 보태면, 그럼으로써 그것은 그의 소유가 된다 ... 노동이 만물의 공통된 어머니인 자연보다 더 많은 무엇을 그것들에 첨가한 것이다. 그리하여 그것들은 그의 사적인 권리가 된다(J. 로크, 2007, 34-35).

---

14 A. 스미스 『국부론』의 제1권 제1장 제목이 '분업'이라는 점은 의미심장하다.

노동가치론의 기원이 부르주아 진영에 있음에도 불구하고 많은 사람들은 그것이 마치 사회주의자들의 주장인 것인 양 오해한다.[15] 그러나 가치법칙은 사회주의자들이 아니라 자본가들의 지적 산물이고, 단순한 주장이 아니라 상품생산사회의 기본적 규제 원리에 대한 과학적 인식이다. 등가교환은 이미 실재하고 기능하는 상품생산사회의 게임규칙이지, 사회주의자들의 미래 지향이 아니다.

앞서 살펴 본 가치법칙의 기본 명제를 다음과 같이 〔표9〕로 정리할 수 있다.

이 절을 마무리하기 전, 마지막으로 가치법칙의 작동 배경에 대해 덧붙이기로 하자. 가치법칙은 등가교환에 기반하므로(〔명제 1b〕) 그것이 작동하기 위해서 기본적으로 강제나 폭력이 불필요하다. 상품생산자들은 독립적인 의사결정

---

15 예를 들어, "자유한국당 「사회주의 개헌저지 투쟁본부」 위원장에 임명된 김무성 의원은 30일 문재인 대통령이 국회에 제출한 개헌안에 포함된 '동일노동 동일임금' 이 '칼 마르크스의 사회주의적 노동가치론' 이라고 밝혔다. 김무성 의원은 이 자리에서 '문 대통령이 발의한 개헌안 속에 숨어있는 '동일노동, 동일임금' 은 칼 마르크스가 주장한 사회주의적 노동가치론에 비춰 하고 있는 것' 이라며 '보수 우파 대표 정당인 한국당은 절대 용납할 수 없다. 모든 것을 걸고 이를 저지할 것' 이라고 목소리를 높였다(http://news.khan.co.kr/ kh_news/khan_art_view.html? artid=201803301301001&code=910100#csidx1114d2f0d6e8de7a38b8a7e20b5bf64).

[표13] 가치법칙 요약

명제	사례
(1) 교환가치는 총노동의 배분으로 규제된다	두 산업에 배분된 노동량에 의해 자동차와 컴퓨터 교환비율이 결정된다.
(1a) 교환가치는 생산에 지출된 노동량으로 결정된다	자동차와 컴퓨터 생산에 지출된 노동시간이 최종적으로 두 상품 간의 교환비율을 결정한다.
(1b) 상품은 등가교환된다	동일 노동시간이 체화된 자동차 한 대와 컴퓨터 두 대가 서로 교환된다.
(2) 기술진보는 교환비율을 변경시킨다	컴퓨터 생산에서 기술진보가 발생하면 컴퓨터 교환가치는 하락한다. 예를 들어 무어의 법칙(Moore's Law)이 이에 해당한다.[16]
(3) 상품의 사회적 수요의 변동은 교환비율에 영향을 미치지 못한다	자동차의 수요가 증대한다 해도 가격은 일시적으로만 상승할 뿐이지 장기적으로는 불변이다.
(4) 가격과 교환가치 간 불일치는 총노동 배분을 변경시킨다.	일시적 교란으로 시장가격과 교환가치 간 불일치가 일어나면 진입 및 이탈의 조정 과정이 촉발된다. 이러한 과정을 통해 산업별 노동배분이 변경된다.
(5) 재생산이 가능한 상품만이 적용대상이다	모나리자의 장기공급곡선은 수직인 반면, 자동차와 컴퓨터는 수평이다. 노동가치론은 후자의 경우에만 적용된다.

---

16 인텔의 공동설립자였던 G. 무어는 반도체 칩의 트랜지스터 집적량이 24개월마다 2배로 증가한다고 보고하였다. 이후 이는 무어의 법칙이라고 명명되었다. 이 법칙은 컴퓨터 산업의 기술진보를 대변한다.

을 통해 상품생산사회에 참가하며, 이 사회의 거래양식의 기본 문법은 자유계약이다. 단지 자발적인 쌍방의 계약을 통해서만 상품의 생산과 교환이 강제된다. 사회 재생산의 전 과정에서 스스로에 대한 자발적 강제(enforcement)가 이루어질지언정 타인에 의한 강요(coercion)는 부과되지 않는다. 이 점은 18세기와 18세기 사상가들이 시장에 기반한 근대사회의 장점이라고 보았던 바이기도 하다. 몽테스키외나 스미스는 상업이 인간의 본성을 부드럽게 만든다고 보았다(Doux Commerce). 개인들은 외부로부터의 강요가 아니라 자기 필요에 의해 행동하므로, 타인에 대해 강요할 필요가 없어진다. 폭력을 대신하여 수요와 공급이 사람들을 지배한다.

> 누가 그렇게 시키는 것이 아니라 누구도 어떻게 할 수 없는 상황이 그렇게 시키기 때문이다(H. 조지, 2016, 358).

분명 상품생산사회의 경우 이전 사회형태에 비해 재생산을 위해 폭력에 의존하는 경우가 줄어든다. 그러나 가치법칙이 순수한 경제적 법칙이며, 상품생산사회의 과정이 평화로운 계약에만 의존한다는 주장은 현실과 동떨어져 있다. 특히 이러한 주장의 오류는 노동력 상품(labor commodity)의 경우 가장 두드러진다. 노동력이 상품화되는 과정은 자유계약과는 거리가 아주 멀다. 자본주의의 형성기인 시원적

축적(The Primitive Accumulation)의 시기는 노동력이 상품화되는 시기로, 전통사회가 상품생산사회로 이행하는 시기이다. 그러나 살아있는 노동은 그 어느 경우보다 상품화에 격렬히 저항하므로 이 과정은 잔인한 유혈적 과정으로 귀결된다.

> 이러한 방법은 부분적으로 잔혹한 폭력에 의존한다. 식민제도가 그 한 예이다. 그러나 그런 방법들은 봉건적 생산양식이 자본주의적 생산양식으로 전화되는 과정을 온상처럼 신속히 하고 그 과도기를 단축시키기 위해, 한결 같이 국가의 권력 즉 사회의 집중되고 조직화된 폭력을 이용한다. 폭력은 새로운 사회를 잉태하고 있는 모든 낡은 사회에서 산파 역할을 한다. 폭력은 그 자체가 하나의 경제적인 힘이다(『자본 1(상)』, 915-916).

자유로운 계약에 기반한 가치법칙이 수립되기 위해서 강압과 폭력이 요구된다는 것은 아이러니하다. 만일 그것이 모든 사회성원들의 기대와 필요에 부응하는 것이라면 폭력에 의존하지 않고서도 기존 사회는 자본주의사회로 용이하게 이행하였을 것이다. 그러나 단순히 노동생산물을 상품화하는 것과 노동력 그 자체를 상품화하는 것은 전혀 다른 차원의 문제이다. 따라서 근대적 노동시장의 성립, 혹은 가치법칙의 완성에는 국가에 의한 폭력의 행사가 필수적이었다.

요컨대 '폭력'은 자유계약에 기반한 가치법칙의 작동의 역사적 전제조건이라고 할 수 있다. 그런데 더 나아가 가치법칙은 등가교환을 기반으로 자본주의적 '착취'를 직접 구성하기도 한다. 비록 이 책의 분석 범위를 너머서는 것이지만, 자본주의적 생산과정에서 발생하는 착취는 노동시장에서의 자유로운 임금계약과 가치법칙을 전제로 한다. 착취란 타인의 노동을 무상으로 전유하는 것을 말한다. 자본주의에서는 고용주인 자본가가 노동자의 노동시간 및 노동생산물의 일부를 착취한다. 따라서 자유계약에 기반한 가치법칙은 이러한 착취를 은폐하는 역할을 수행한다. 아니 가치법칙을 통해서 비로소 자본주의적 착취가 가능해진다. 자본주의 단계에 이르러 타인 노동에 대한 착취는 경제법칙(가치법칙)을 통해 실현된다. 경제법칙 그 자체가 권력의 작동방식이 된다. 이제 경제는 정치와 구분되지 않는다.

> 경제적 법칙은 정치적 권력을 필요로 하는데, 마르크스는 이 보충적인 필요가 결코 우연적인 것이 아니며, 그 보충성은 주변부만큼이나 중심부에서도 체계의 구조적 필연성을 반영하는 것이라고 논의한다. 자본주의는 경제적 법칙으로 작용하는 권력이자 지배인 것이다(M. 라이언, 1994, 195-196).

결국 가치법칙의 작동으로 시장에서 개인들은 자발적으

로 노동력상품 '매매' 계약에 참가하지만 그럼에도 상품 '생산' 과정에서 착취가 체계적으로 발생할 수 있다.[17]

> 마르크스의 분석은 가치법칙이 현존 사회체제에 있어서 일반적인 '이성의 형식'이라는 것을 그에게 보여주었다. 가치법칙은 공공의 이익(=사회의 존속)이 개인의 자유를 통해서 스스로를 주장하는 형식이었다. 가치법칙은 스스로를 시장에서 나타내지만 그 기원은 생산과정에 있다는 것을 알게 되었다. 이러한 까닭에 이 생산과정에 대한 분석만이 오로지 이 사회가 도대체 합리적인 전체 속에서의 개인의 자유라고 하는 약속을 수행할 수 있는가의 물음에 대해 긍정 혹은 부정의 답을 제시할 수 있었던 것이다(H. 마르쿠제, 2020, 392-393).

가치법칙이 수립되는 과정에서 폭력이 필수적으로 요구되었던 반면, 일단 수립된 가치법칙은 그 자신이 자본주의적 권력의 핵심 구성요소가 되어 착취를 위한 매질(媒質)의 역할을 수행한다. 따라서 우리는 가치법칙이 약속하는 자유와 정의에 대해 의문을 품게 된다.

---

17 여기서 구체적으로 논의할 수는 없지만 이 문제는 시장에서 어떻게 이윤이라는 소득 범주가 등장하는가에 관한 것이고 이에 대한 마르크스의 답변은 『자본』의 가장 중요한 통찰이기도 하다.

3.3 상품교환

> 교환의 메커니즘 자체에 의해 사회적 분업도 규제된다. 이전에는 . . . 개별 업종 사이에 적절한 비율을 정하고 필요한 모든 노동 분야가 돌아가도록 돌보는 것은 공동체의 책임이자 공동체가 선출한 관료들의 책임이었다. 분명히 관료들은 어떤 촌락 공동체의 대표자들이 사형이 선고된 철물공을 석방하고 그 대신에 촌락에 대장장이가 둘이니 차라리 그 가운데 하나를 목매달라고 요청했던 유명한 사례를 알고 있다 . . . 우리는 중세 도시들에서 길드 규정이 개별 업종이 적절한 비율로 돌아가도록 배려를 쏟으면서 모자란 수공업자를 외부에서 도시로 불러들였다는 것을 보았다. 자유롭고 무제한적인 교환이 일어나는 경우라면 이런 문제는 교환 자체가 규제한다 . . . 이제 교환 자체가 펌프장처럼 기계적으로 경제 전체를 규제한다. 교환이 개별 생산자 사이에 유대를 창조하며, 교환이 개별 생산자들을 노동하지 않으면 안되게 만들고, 교환이 분업을 규제하며, 교환이 생산자들의 부와 부의 분배를 결정한다. 교환이 사회를 통치한다(R. 룩셈부르크, 2015, 270-275).

상품생산사회는 사회적 분업에 기초한 사회이고 따라서 상품생산은 타인을 위한 생산, 즉 사회적 생산에 해당한다. 상품생산자는 자기 생산물을 소비하는 대신, 자기 생산물과 교환한 타인의 생산물을 소비한다. 따라서 모든 상품은 생산자와 소비자가 서로 상이하다. 만일 경제가 로빈슨 크루소와 같은 고립된 개인들로 구성된다면 모를까, 분업에 기초한 경제에서는 생산과 소비가 체계적으로 분리된다. 로빈슨 크루소조차도 프라이데이를 만나고 난 이후, 일종의 분업 경제에 참가한다. 따라서 분업에 기반한 사회라면 이러한 사회적 분절을 다시 결합하고 사회로서의 통일성 혹은 통합성을 회복하는 절차가 반드시 필요하다. 생산과 소비를 잇는 이러한 절차를 **유통**(circulation)이라고 부른다. **교환**(exchange)은 상품생산사회 유통의 구체적 형태이다.

> 사적 소유와 분업에 의해 개개의 원자로 분해된 사회에서는 상품 교환을 통해 비로소 상호 관련이 확립된다 . . . (의식적으로 조직화되지 않는) 생산 공동체는 교환 행위로 자신을 표현하지 않으면 안 된다. 왜냐하면 사적 소유와 분업에 의해 분해된 사회는 교환을 통해 비로소 하나의 전체로 통합되기 때문이다(R. 힐퍼딩, 2011, 21).

예를 들어 어느 주어진 기간 동안 개별 상품생산자가 노고를 들여 100개의 탁자를 생산하였다고 가정하자. 100개의 탁자들은 상품으로 생산되었으므로 자기 소비가 아니라 모두 타인 소비를 위해서 제작된 것이다. 그런데 이 생산자에게는 불행하게도 이 가운데 20개의 탁자가 팔리지 않고 창고에 재고로 남아있다고 해보자. 만일 이 20개 탁자가 영원히 팔리지 않는다면, 즉 소비자의 필요나 욕구의 대상이 되지 못한다면, 20개 탁자 생산에 지출된 생산자의 노동은 사회적으로 유용함이 입증되지 못하게 된다. 생산자 개인으로서는 억울한 일이겠지만, 사회 전체의 재생산에 그가 기여한 것은 상품으로 판매된 80개의 탁자 생산에 지출된 노동뿐이다. 오직 교환이라는 단계를 통과한 노동생산물만이 사회적 유용성을 인정받고 최종적으로 상품으로서의 자격을 획득하게 된다. 결국 교환의 과정이란 **사회적 인정**(social validation)의 과정이다. 이러한 인정 과정은 생산과 소비가 분리된 사회에서는 불가피하게 요구되는 절차이다.

오늘날 주류 경제학에서는 팔리지 않은 재고를 투자의 일부로 간주하는 관행이 있다. 이 덕택에 국민소득계정에서 언제나 소득은 지출과 일치하고, 저축은 투자와 일치한다. 그러나 마르크스는 이러한 자동적인 회계적 항등 규칙 대신, 상품의 판매가 상품생산사회의 완결성을 위해 가장 중요한 사실이라는 점을 강조한다. 교환을 통해 비로소 상품생산사회는 그 내부의 고유한 모순이 해결된다. 개별 생산자들은 고립되고 분절되어 있지만 하나의 사회로서 상품생산사회는 통합되어 있어야 한다는 것은 상품생산사회의 고유한 모순이다. 이 모순은 교환을 도입함으로써 비로소 해소될 수 있다. 사회적 완결성은 회계적 항등식이 아니라 현실의 교환과정을 통해 이루어진다.

우리는 이 절이 시작되기 이전까지 생산된 상품이 모두 교환되고 판매될 것이라고 암묵적으로 전제하였지만 이는 자연스러운 일이 아니다. 교환과 판매는 일종의 '**목숨을 건 도약**(salto mortale; 『자본 1(상)』, 138)'이다. 생산된 상품이 판매로 이어져 교환이 완료되는 것은 일종의 비약에 다름 아니다. 이는 고립된 개인의 맹목적 행동이 사회 성원의 필수적 행동으로 탈바꿈하는 과정이다. 교환을 통해서 사회라는 원은 닫히게 된다. 교환에 의해서만 가치법칙이 완성된다. 교환의 매개로만 사회적 승인이 달성된다. 교환을 거쳐서만 자생적 질서가 형성된다. 제사에서의 표현처럼 교환이 사회를 통치한다.

교환과 가치법칙은 서로가 서로를 구성한다. 먼저 **교환이 가치법칙을 창출한다**. 교환의 역사 초기, 교환비율은 생산조건에 의해 규정되는 대신, 불가피하게 주관적 효용 평가에 의해 이루어질 수 밖에 없었다. 예를 들어 1626년 북미 인디언들은 네델란드인들로부터 24달러를 받고 맨해튼 섬을 판매하였다. 더군다나 인디언들이 네델란드인들로부터 받은 것은 금화폐가 아니라 몇 개의 구슬에 불과하였다. 물론 엄밀히 말해 맨해튼 섬 그 자체는 인간노동의 산물은 아니지만, 그럼에도 이 사례는 교환의 최초 양상을 잘 보여준다. 교환이 일상적인 일이 아니라 특별한 사건인 경우 교환 비율은 인간의 노고나 노동시간에 의해 규제되기 보다는 우연이나 주관적 평가에 의존한다. 즉 이 시기에는 가치법칙이 작동하지 않았던 것이다. 만일 당신이 사막 한 가운데에서 갈증으로 죽어가고 있다면 기꺼이 생수 한 병과 당신의 모든 재산을 교환하려고 할 것이다. 이는 당연한 일이지만 이러한 당연함은 교환이 지배적인 현실에서는 당연하지 않는 일이다.

상품교환의 빈도가 증대되고 교환의 영역이 확대되며 교환이 일상화될수록, 생산자는 이제 처음부터 의도적으로 판매를 목적으로 상품을 생산하기 시작한다. 우연히 남게 된 잉여생산물을 서로 교환하는 것과 사전적으로 교환을 목적으로 생산물을 생산하는 것은 전혀 다른 이야기이다. 오직 후자의 상황만이 진정한 상품생산의 경우라고 말할 수 있다. 생산자의 생계에 필요한 소비수단도, 생산자의 생산과정에 투입되는 생산수단도 모두 상품의 형태로 구입된다. 이제 개인은 언제나 자신이 필요로 하는 재화가 시장에서 상품의 형태로 공급될 수 있다는 사실을 믿어 의심치 않는다.[18] 시간이 경과하면서 교환의 규모가 증대하고, 다시 교환의 규모가 증대할수록 교환의 필요성 그 자체도 증대한다. 점차 교환은 규칙화되고 상품생산과 관련된 비용구조가 확립되며, 따라서 이 시기부터 상품의 교환비율은 인간 노동량에 비례하여 결정된다. 즉 교환의 확립이 가치법칙의 확립을 이끈다. 이러한 과정을 마르크스는 다음과 같이 묘사한다.

> 이런 물건들의 양적 교환비율은 최초에는 완전히 우연적이다. 그 물건들이 교환될 수 있는 것은, 그 물건 소유자들이 그

---

18 특히 생산도구가 고도화되고 정교한 기계가 사용될수록 사회의 거래 양식으로서 상품 교환의 필요성은 더욱 더 증대한다. 요컨대 생산조건의 변화가 시장교환을 촉진시킨다. K. 폴라니에 따르면, "특수 용도에 맞추어진 정교하고 값비싼 장비와 시설로 조직되는 생산이 생겨난다면, 그러한 변화가 기존의 사회질서와 조화를 이루기 위해서는 그 생산과정이 상인들의 구매와 판매행위에 딸려오는 것의 형태를 띠어야만 한다. 이러한 생산을 일련의 판매와 구매의 연속으로 바꾸어 수행하는 일을 떠맡을 수 있는 유일한 이는 상인인데 상인에게 이러한 활동을 맡기기 위해서는 그가 이 과정에서 손해를 보는 일이 없어야만 한다... 이러한 기계들로 생산하면서 손해를 입지 않으려면 생산된 재화의 판매통로가 적절하게 확보되어야만 하며, 또한 기계에 투입할 원자재들이 부족하여 생산이 멈추는 일이 없어야만 한다. 이러한 조건을 상인의 관점에서 다시 표현한다면, 기계의 작동과 관련된 모든 요소들이 시장에서 판매되어야 한다. 즉, 그것들을 필요로 하는 사람이 돈만 지불한다면 얼마든지 필요로 하는 만큼 살 수 있어야 한다는 이야기가 된다. 이러한 조건이 충족되지 않는 한 특수 용도로 제작된 기계들을 사용한 생산 행위는 너무나 위험하기 때문에 아무도 떠맡으려 하지 않는다(K. 폴라니, 2009, 176-177)."

것들을 서로 양도하려고 하기 때문이다. 그러는 사이에 타인 소유의 유용한 물건에 대한 욕구가 점차로 확립된다. 교환의 끊임없는 반복은 교환을 하나의 정상적인 사회적 과정으로 만든다. 그러므로 시간이 경과함에 따라 노동생산물의 적어도 일부는 처음부터 교환을 목적으로 생산되지 않으면 안 된다. 이 순간부터 직접적 소비를 위한 물건의 유용성과, 교환에서 물건의 유용성 사이의 구별이 굳어져 간다. 물건의 사용가치가 물건의 교환가치로부터 구별된다. 다른 한편으로 이 물건들이 교환되는 양적 비율은 물건들의 생산 그 자체에 의존하게 된다. 관습은 이 물건들의 가치를 일정한 크기로 고정시킨다(『자본 1(상)』, 115).

교환이 가치법칙을 확립하여 일단 상품생산사회가 본 궤도에 오르게 되면 이제 가치법칙이 교환을 규정한다. 요컨대 "교환의 끊임없는 반복이 교환을 하나의 정상적인 사회적 과정으로" 만든 이후, "이 물건들이 교환되는 양적 비율은 물건들의 생산 그 자체에 의존하게 된다." 생산조건이 교환비율을 규제한다는 사실을 보여주기 위해 이제 한 가지 사고실험을 도입해 보기로 하자. 먼저 우연 혹은 계산착오로 사람들이 곡물의 단위 가치를 실제보다 높게 평가하였다고 가정해보자. 그 결과 동일한 곡물을 가지고 구입할 수 있는 다른 상품의 양이 증가한다. 예를 들어 노동시간에 비례한 정상적인 교환비율은 자동차 1대당 곡물 10톤이지만, 사람들이 착오를 일으켜 시장에서는 자동차 1대당 곡물 5톤이 교환된다고 하자. 즉 곡물의 상대가격은 원래는 자동차 0.1 대였는데 이제 착오로 자동차 0.2대로 증대하였다.

[표14] 곡물가치에 대한 착오

	사회적 수요	배분 노동량	단위 노동량	정상 상대가격	착오 상대가격
1. 곡물	500톤	10,000 시간	20시간	자동차 0.1대	자동차 0.2대
4. 자동차	50대	10,000 시간	200시간	곡물 10톤	곡물 5톤

그러나 이러한 사정은 계속 지속될 수 없다. 시간이 지나면서 사람들은 곡물 단위당 가치가 20시간 보다 더 높은 40시간으로 인정되고 있다는 점을 깨닫게 된다. 동일한 곡물량으로 얻을 수 있는 자동차 수량이 2배로 증대하였기 때문이다. 이 경우 곡물의 단위당 가치는 실제 투하노동시간의 2배만큼 인정되고 있다. 이제 사람들은 교환과정에서 인정되는 가치(40시간)가 생산과정에서 지출된 가치(20시간)를 초과하는 것을 알게 되고, 수익성이 높아진 곡물 재배로 몰려들기 시작한다. 다시 말해 사회적 총노동배분기구는 다른

부문으로부터 노동 일부를 인출하여 곡물부문으로 이동시킬 것이다(앞서 우리는 이 과정을 진입과 이탈, 즉 경쟁의 과정으로 묘사한 바 있다).

예를 들어 인출된 노동이 수익성이 상대적으로 낮아진 자동차 산업에서 이동해왔다고 가정하자. 그 결과 다음 기 곡물 공급이 증가하고 자동차 공급은 감소하게 된다. 수요가 일정한데 생산이 증가하였으므로 다시 곡물의 교환가치는 하락한다. 결국 곡물 부문의 경우 생산된 가치와 인정된 가치가 다시 동일해진다. 자동차 산업의 경우 반대 방향으로 유사한 과정이 발생하게 된다. 이 사례는 만일 상품교환과정에서 올바른 교환비율로부터 이탈이 발생한다면, 어떻게 가치법칙이 사회적 총노동배분 기제를 활용해 문제를 해결하는지를 잘 보여준다. 맨해튼 섬의 사례에서는 교환이 가치법칙을 이끌어냈지만, 여기서는 가치법칙이 교환비율을 정상적인 수준으로 이끌게 된다.

한 상품의 사회적 유용성과 그 상품 생산에 지출된 노동의 정당성이 입증되는 것은 오직 다른 상품과의 교환이 끝나고 난 이후에야 확정된다. 다시 말해 모든 사건이 다 종결된 이후(post festum) 유용성과 정당성이 확인된다.

> 사회적 결합은 상품의 교환을 통해 무의식적으로 이루어지며 이 결합이 적절하게 이루어졌는지 여부에 대한 확인도 교환

과정에 의해 주어진다. 그러나 이러한 확인은 이미 이러한 사회적 결합을 확립하고 있는 생산과정이 완수되어 변경될 수 없는 것으로 된 이후에 행해진다(R. 힐퍼딩, 2011, 33).

만일 한 사회의 경제적 조직 방식이 이와 다르다면, 예를 들어 상품생산이 아니라 계획(planning) 원리에 따라 물질적 대사방식을 조직한다면, 유용성과 정당성의 확인은 사후적(ex post)이 아니라 사전적(ex ante)으로 주어질 수 있다. 예를 들어 사회의 생산력을 상품생산의 형태로 맹목적으로 방임하는 것이 아니라, 의식적으로 조직하고 활용하는 사회에서는 생산 이전에 사회적 합의와 정치적 결정에 따라 재화 생산을 결정하며 이에 조응하여 노동인력을 배치할 것이다. 이 경우 생산된 재화는 판매를 목적으로 한 상품이 아니라 직접 소비를 목적으로 한 노동생산물이고, 이 재화 생산에 지출된 인간노동 역시 교환의 대상이 아니라 욕구 실현의 직접적 수단이 된다.

4. 가치: 추상적 인간노동

4. 가치: 추상적 인간노동

> 오류의 위험이 따르더라도 중요한 것에 대해 숙고하기보다는 차라리 사소한 것의 타당성에 유의하려는 집요한 충동은 퇴행적 의식의 가장 흔한 징후에 속한다... 실증주의는 우선 본질이라는 객관적 범주를 삭제하고 다음에는 수미일관하게 본질적인 것에 대한 관심을 말살함으로써 이데올로기가 된다(T. W. 아도르노, 1999, 249).

이제까지 우리가 살펴 본 상품생산사회는 이상하고 모순적인 사회라고 말하지 않을 수 없다. 마르크스는 이 사회를 '**마법에 걸린 사회**'라고 묘사한 바 있다.[19] 이 사회는 시장가격과 교환가치가 종종 불일치하지만, 전자는 다시 후자로 복귀한다. 이 사회에서 경제적 거래는 무정부적으로 이루어

---

19 마르크스는 상품생산의 가장 발달한 단계인 자본주의 사회를 '요술에 걸려 왜곡되고 전도된 세계(the bewitched, distorted and upside-down world)'라고 묘사하였다(『자본 3(하)』, 1053).

지지만, 그럼에도 이면에는 일정한 법칙성이 존재한다. 이 사회에서 생산은 개별적 사적으로 이루어지지만, 소비는 타인이 수행하며 따라서 사회적이다. 이 사회는 생산과 소비가 분절되어 있지만, 결국 교환으로 다시 결합된다. 이 사회의 재생산은 사용가치 소비에 기반하지만, 정작 사용가치 그 자체는 교환가치의 속성을 가져야만 한다. 상품생산사회의 이 모든 괴리, 분열, 그리고 결합과 통합의 근저에는 가치가 존재한다.

4.1 노동으로부터 가치로

그렇다면 가치(value)란 무엇인가? 우리는 이 질문에 대해 세 갈래의 답변을 준비하고자 한다. 가치는 가치의 실체, 가치의 크기, 가치의 형태라는 세 가지 차원으로 구성되기 때문이다(〔그림4〕 참고).

상품이 거래되기 위해서는 다른 상품과의 교환비율이 정해져야 한다. 그런데 이 교환비율을 규제하는 것이 앞서 언급한 바 있는 사회적 총노동의 배분기제이다. 총노동이 각 부문으로 분할되는 비율에 따라 각 부문에서 생산된 상품들 간의 교환비율이 결정된다. 따라서 우리는 이 총노동이 교환비율의 원천 혹은 근원이라는 사실을 알게 된다.

[그림4] 가치의 실체, 크기, 형태

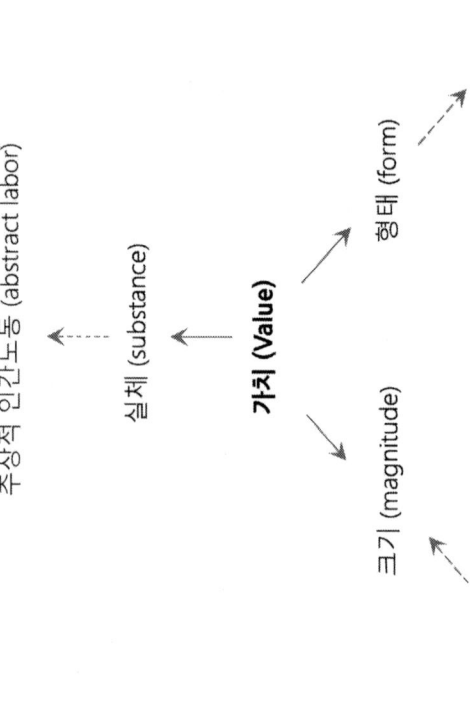

총노동이란 우선 일정한 기간 동안 한 사회가 동원할 수 있는 개별노동의 총합이라고 볼 수 있다. 그러나 총노동이 개별노동의 총합과 정확히 일치하는 것은 아니다. 바로 이 점이 상품생산사회와 다른 사회형태를 가르는 중요한 분기점이다. 전자의 경우 개별노동이 타인의 욕구 실현에 기여한 것이(다시말해 사회 재생산에 기여한 것이) 오직 교환을 통해 인정됨으로써만 총노동의 범주에 포함된다. 요컨대 타인의 필요와 욕망에 부응한 노동만이 사회적 총노동의 일부가 될 수 있다. 반면 비상품생산사회의 경우 사회적 총노동은 언제나 정확히 개별노동의 합으로 구성된다. 교환을 거치지 않고서도 개별노동이 타인의 욕구 실현에 기여한 것이 언제나 인정되기 때문이다.

따라서 상품생산사회의 거래대상인 상품은 타인의 욕구를 충족시키면서도, 동시에 교환을 통해 그 사회적 목적이 달성되므로 교환비율 역시 가지고 있어야 한다. 우리는 상품의 전자 속성을 **사용가치**(use value)라고 부르고, 후자 속성을 **교환가치**(exchange value)라고 부른다. 하나의 사회형태가 재생산되기 위해서는 사용가치가 생산되어 사회 성원들에게 적절히 배분되고 이것이 소비됨으로써만 가능한데, 상품생산사회는 교환가치라는 방법을 매개로 해서만 이 목적을 달성한다. 즉 상품생산사회의 경우 구체적 필요에 부합하기 위한 총노동의 배분의 완결은 오직 교환을 통해서만 가능하다.

그러나 그렇다고 해서 교환가치가 사용가치에 의존한다고 생각하는 것은 오류이다. 비록 사용가치 혹은 대상에 대한 사회적 필요가 사회적 총노동의 재배분 과정에 중요한 동인으로 기능하지만, 재배분이 종결된 이후 교환비율 혹은 교환가치는 다시 원래 수준을 회복한다. 따라서 결과적으로 그리고 장기적으로 보자면 사용가치는 교환가치에 영향을 줄 수 없다. 사실 우리는 이 점을 앞서 앞서 3.2절 〔명제 3〕에서 살펴본 바 있다.

사회적 총노동이란 일종의 인간노동의 용광로이다. 모든 개별적인 상이한 노동들이 이 용광로 속으로 들어가 균일한 동질의 인간노동으로 전환된다. 이 동질의 인간노동은 따라서 구체적인 노동이 아니라 **인간노동일반**(human labor in general)으로 이해될 수 있다. 구체적 노동이 노동일반으로 전환되는 과정은 일종의 **추상 과정**(abstraction process)이다. 사물의 모든 세밀한 부분까지 다 묘사하는 구상화(具象畵)와는 달리 추상화(抽象畵)는 그 대상의 가장 중요한 측면만을 남기고 다른 부분들을 과감하게 제거한다. 마찬가지로 노동의 추상화 과정을 통해 구체적 노동의 특정한 내용들은 모두 사라지고, 모든 개별 노동은 오로지 인간의 근육과 신경, 두뇌와 손의 생산적 지출이라는 성격만 가지게 된다. 그것이 곡물을 재배하는 농부의 노동이든, 컴퓨터를 조립하는 공장 오퍼레이터의 노동이든, 아니면 환자를 돌보는 간호사의 노동이든, 모든 개별적 노동은 이제 동일한 단일의 질(quality)을 갖게 된다. 우리는 이 단일의 질을 **추상적 인간노동**(abstract human labor)이라고 부른다. 이 추상적 인간노동이 가치의 실체에 해당한다. 즉 추상적 인간노동이 다름 아닌 **가치**(value)이다. 추상적 인간노동은 단순한 개념상의 문제가 아니라 현실적 과정이다. 추상은 현실의 추상이다. 가치는 실재하는 실체이다.

> 노동의 이러한 추상화는 단순히 구체적인 노동 전체로부터 추출해낸 정신적 산물이 아니다. 특수한 노동에 대한 무관심은 개인들이 어떤 노동으로부터 다른 노동으로 쉽게 전환될 수 있는 형태의 사회에 따라 생긴다. 그러한 사회에서 특수한 종류의 노동이란 단지 우연의 문제이므로 따라서 무관심한 문제인 것이다. 여기서는 범주로서의 노동뿐만이 아니라 현실에서의 노동은 일반적으로 부의 창출 수단이 되었으며 이제 더 이상 특수한 형태로서 특정 개인과 유기적으로 연관되지 않는다. 그러한 상태는 미국과 같이 가장 근대적 형태의 부르주아 사회에서 가장 발전되어 있다. 여기서 사상 최초로 근대 경제학의 출발점, 즉 추상적 범주의 노동, '노동 그 자체', 순수하고 단순한 노동이 실제로 현실이 되어 버렸다(K. 마르크스, 2007, 75).

앞서 우리가 살펴본 상품의 교환가치는 이 가치의 **발현형태**(the form of appearance)이다. 작가의 설명을 듣지 않고서는 추상화의 의미를 이해할 수 없듯이, 추상적 인간노동은 우리의 감각기관으로 직접 파악될 수 없다. 이러한 관점에서 보자면 가치는 형이상학적인 것으로 보인다. 실증주의에 기반한 부르주아 경제학이 가치의 실체에 대해 대체로 회의적인 모습을 갖는 것은 이러한 이유에서이다. 그러나 사물은 자신의 실체를 있는 그대로 드러내는 대신, 언제나 외양과 형식이라는 옷을 입고 스스로를 은폐한다. 제사의 언급처럼 실증주의는 본질을 외면함으로써 스스로 이데올로기가 된다. 따라서 과학의 전선에서 실증주의를 고수하는 것은 우리 스스로를 무장해제시키는 것과 다름이 없다. 반면 변증법은 실증주의와는 달리 형식 배후에 존재하는 실체를 탐구하고자 하는 이론적 요구를 고무시킨다. 이 점은 노동가치론이 변증법과 친화적이라는 점을 잘 보여주는 사례이다.

> 변증법은 비-자연적 태도라는 점, 변증법은 본래 우리가 주어진 것으로, 사실로 간주하는 것을 모종의 회의를 품고 대하고, 현상으로 주어진 것으로 우리와 마주치는 것 뒤에서 그 속에 숨어 있는 전체의 힘들을 찾으려는 경향을 띠는 태도입니다 ... 본질과 현상의 구분은 아마 일반적으로 변증법적 사

유에 대해 단적으로 본질 구성적일 것입니다. 이는 개념들이 반성 속에서 정립된다는 점, 즉 이 반성을 통해 개념들 자체에서 그 단순한 현상 혹은 그 표면의 의미에서는 본래 뜻하지 않고 본래 감추어져 있는 어떤 실체가 말하자면 밝혀진다는 데에서 이미 드러납니다(T. W. 아도르노, 2015, 207).

상품의 배후에는 언제나 가치가 존재하는데, 이 가치가 비로소 우리의 오감의 대상이 되는 것은 그것이 교환가치라는 형태를 띠고 등장할 경우이다. 따라서 우리는 노동의 추상화를 통해서만 개인들 간의 상품교환이 이루어진다는 사실을 알게 된다. 추상적 인간노동의 존재가 교환비율로 드러나며, 교환가치가 성립할 경우에만 교환이 가능하기 때문이다. 이러한 추상적 인간노동 혹은 가치는 모든 사회에 존재하는 것이 아니다. 그것은 오직 시장교환이 인간들 사이의 유일한 매개와 유대가 되는 사회에서만 성립한다.[20]

앞서 언급하였듯이 상품생산사회에서 모든 개별 노동이 사회적 총노동이 되는 것은 아니다. 마찬가지 맥락에서 모든 사적인 노동이 사회적 노동이 되는 것도 아니다. 또한 모든 구체적 노동이 추상적 노동이 되는 것도 아니다. 다시 말해 현실의 개별적 노동, 사적 노동, 그리고 구체적 노동이 총

---

20 가치의 이러한 사회적 역사적 성격은 매우 중요하며 이후 6.1절에서 다시 재론될 것이다.

노동, 사회적 노동, 추상적 노동으로 인정받기 위한 특별한 절차가 필요하다. 그리고 그 절차가 교환이다. 교환의 '시련'을 통과한 노동생산물만이 정당하게 상품으로 **사회적 인정**(social validation)을 받게 된다. 즉 가치를 가지게 된다. 누누히 강조하지만 이러한 인정 절차는 상품생산사회에서는 불가피하다. 상품생산사회에서 생산자들의 실존 형태는 분리 상태이다. 그들은 서로 독립적으로 생산하며 분권적으로 결정한다. 이들의 결정이 사회전체 차원에서 어떤 일관성을 얻기 위해서 이들 행동의 결과들 사이에 공통의 규칙이 요구된다. 이러한 규칙의 주된 기능이 다름아닌 교환 인정이다.

상품생산사회는 가치 인정의 문제를 다루는 몇 가지 게임규칙을 가지고 있다. 이 규칙들은 현실의 노동을 **노동계정**(labor account)으로부터 **가치계정**(value account)으로 전환시키기 위해 요구되는 것들이다. 교환을 거쳐 이 규칙들을 모두 통과한 개별적 노동, 사적 노동, 구체적 노동만이 총노동, 사회적 노동, 추상적 노동으로 인정받는다.

〔규칙 1〕 **구체적 노동이 아니라 추상적 노동**(abstract labor)이다. 계정 전환을 위해 이러한 규칙이 요구되는 이유는 상품생산사회의 고유한 거래양식 때문이다. 상품생산사회는 다른 사회와는 달리 개인들 간의 교류의 방식으로 상품교환을 채택한다. 이 사회형태 아래에서 개인들 간의 유일한 결

합의 형태는 교환뿐이다. 이러한 시장적 관계만이 이 사회 성원들 간의 사회적 관계를 구성한다. 그런데 교환이 성립되기 위해서는 교환 양편의 상품이 서로 동일한 질로 환원되어 개별 노동의 크기가 비교되어야 한다. 이러한 **통약성**(commensurability)이 상품생산자들의 '사회'를 성립하게 만드는 현실적 기반이다. 이 통약성이 실현되기 위해 상품생산에 동원된 모든 구체적 노동들은 그 구체성이 반드시 소멸되어야 한다. 모든 노동을 공통 분모로 환원시킴으로써, 노동의 단위 수를 서로 비교하거나 대체하고, 더하거나 빼고, 마침내 다 더해 사회적 합계를 낼 수 있어야 한다. 이를 위해 노동이 오직 순수한 근육과 신경, 두뇌와 손의 지출 상태로 전환될 수 있어야만 한다.[21] 이러한 추상화를 통해 비로소 상품 간의 교환은 가능해지고 개인 간의 연관도 실현되며 사회도 성립하게 된다. 이러한 의미에서 구체적 노동은 추상적 노동으로 전환되어야 한다.

---

21 노동의 추상화를 설명하기 위해 마르크스는 다각형의 삼각형으로의 환원을 예로 들고 있다. 우리는 아무리 복잡한 다각형이라 할지라도 그것이 삼각형이라는 기본적 도형으로 구성되어 있음을 알고 있다. 다각형의 면적을 구하기 위해 우리가 알아야 할 면적 공식은 삼각형 공식만으로 충분하다. 다양한 다각형들이 원형적 도형인 삼각형들로 환원되었듯이, 다양한 구체노동들 역시 원형적 노동인 추상노동으로 환원된다.

그러나 재봉과 직조는 질적으로 서로 다른 노동형태이다. 그렇지만 동일한 인간이 번갈아가면서 재봉도 하고 직조도 하는 사회상태도 있다. 이 경우 두 가지 서로 다른 노동방식은 동일한 개인이 행하는 노동의 변종에 지나지 않으며, 서로 다른 개인들의 고정된 기능이 아니다. 그것은 마치 재봉사가 오늘은 저고리를 만들고 내일은 바지를 만들기 위해 자기 자신의 개인 노동을 변경시키는 것과 마찬가지이다. 더욱이 자본주의 사회에서는 노동에 대한 수요의 방향이 변함에 따라 사회적 노동의 일정한 부분이 번갈아 가면서 재봉의 형태로 또는 직조의 형태로 공급되고 있다는 것을 곧 알 수 있다. 노동의 형태의 이와 같은 변화가 마찰없이 일어난다고는 말할 수 없으나 어쨌든 일어날 수 밖에 없다(『자본 1(상)』, 54).

구체적 노동 형태들에 대한 추상은 사회에 가용한 형태로 존재하는 총노동력 개념 그 자체에 내재한다. 자본주의 사회에서 사회적 분업의 일환인 직종 간 이동은 일반적이며, 이는 노동의 추상화에 기여한다.[22] 가장 발달한 상품생산사회인 자본주의에서 노동의 추상화는 정점에 도달한다.

노동 추상화의 현실적 기반인 직종 간 이동이 잘 이루어지기 위해 직종 사이에 자유로운 진입과 이탈(free entry and

---

[22] 이러한 경향은 동시에 작업장 내 기술적 분업에 의해서도 드러난다. 작업장 내 모든 과업들은 단순한 동질적 노동으로 쉽게 대체될 수 있도록 설계되고 구성된다. 이 점은 이후 4.2절에서 재론될 것이다.

exit)이 보장되어야 한다. 앞서 우리는 사회적 총노동의 부문 간 배분이 상품생산자들의 진입과 이탈 과정을 통해 실현된다고 보았는데, 다름아닌 총노동의 배분 과정 그 자체가 노동의 추상화 과정을 실현한다. 따라서 만일 직종 진입에 장벽이 존재한다면 사회적 총노동의 배분에 제약이 발생하고 구체노동이 추상노동으로 환원되는 메커니즘은 제대로 작동하지 않을 것이다. 이러한 논의는 A. 스미스가 『국부론』에서 제안한 바 있는 순이익 균등의 원리(principle of equal net advantage)를 떠올리게 한다. 직종별로 소득이 상이한 것은 당연하지만, 개별 직종 간의 위험도나 작업환경의 쾌적도, 그리고 사람들의 관심이나 존경의 정도 역시 다를 것이다. 따라서 이 모든 요소들을 동시에 고려해본다면, 모든 직종들의 순이득은 동일한 값으로 수렴할 것이다. 순이익 균등의 원리가 관철되기 위해서는 직종 간 자유로운 진입과 이탈이 전제되어야 하고, 반대로 직종 간 진입과 이탈이 작동하기 위해서는 순이익 균등의 원리가 전제되어야 한다. 만일 총노동의 배분과 생산자들의 진입 및 이탈이 노동 추상화의 현실 과정이라면, 순이익 균등의 원리는 노동의 추상화와 밀접한 연관을 갖게 된다.

추상적 노동(가치)이 교환가치와 가격을 결정한다는 것은 추상적 노동이 통약가능성의 유일한 원천이라는 사실과 연관된다. 맨해튼 사례와 같은 초기 우연한 교환을 제외한다면 상품 소비에서 발생하는 인간의 주관적 평가는 교환의 토대가 될 수 없다. 효용은 통약가능성을 보증하지 못한다. 오직 추상화된 상태의 노동만이 교환 쌍방의 노고를 측정할 수 있고 타당한 교환비율을 결정할 수 있다.

> 마르크스의 노동 가치론에 대한 비판의 99%가 논점을 벗어나 있다. 상품들이 사회적 노동의 산물이라는 사실 이외의 다른 공통적 성질을 갖는다고 말하는 것은 사회적 관계에 대한 분석을 실내의 논리 게임으로 변경시킨다. 명백히 이러한 상이한 질(質)들은 무정부적인 시장 경제 내에서 사회 구성원들 간의 연결망과는 아무런 관련이 없다. 빵과 비행기가 모두 희소하다는 사실이 이들을 비교할 수 있게 만들지는 않는다. 심지어 수 천의 사람들이 기아로 죽어가고 있을 때 조차도, 그리고 빵에 대한 필요의 강도가 비행기에 대한 필요의 강도보다 수 천 배 된다 할지라도 빵은 여전히 비행기보다 더 쌀 것인데, 왜냐하면 빵 생산에 훨씬 더 적은 사회적 필요 노동량이 지출되었기 때문이다(E. Mandel, 1990, 39-40).

〔규칙 2〕 복잡노동이 아니라 단순노동(simple labor)이다. 계정 전환의 두 번째 규칙은 높은 숙련과 기능을 가진 노동들은 일정하게 상정된 단순노동의 합으로 환원되어야 한다는 것이다. 이 경우 복잡노동은 단순노동의 배가된 형태

(multiple form)에 불과하다. A. 스미스는 철학자와 짐꾼 사이에 존재하는 지적 수준의 차이가 생각보다 그리 크지 않으며 짐꾼 역시 교육과 훈련을 통해 철학자의 지적 수준을 성취할 수 있다고 믿었다.[23] 이러한 접근방식 역시 복잡노동의 단순노동으로의 환원가능성을 전제한다. 이 경우 단순노동의 구체적 수준은 시대마다 사회마다 상이하지만 어떤 주어진 시기 사회에서 아무런 교육과 훈련을 받지 않은 상태의 미숙련 노동을 의미한다고 볼 수 있다.

단순노동을 정의할 경우 제기되는 또 한가지 문제는 재능과 지능이라는 선천적 능력과 관련된다. 철학자의 지적 능력은 교육에 의해 획득될 수도 있지만, 선천적으로 타고난 것일 수도 있다. 그러나 아무리 비범한 선천적 능력이라 할지라도 이러한 능력은 상품생산이나 교환과정에서 특권적 지위를 누릴 수 없다. 노동가치론은 소위 '천부적' 능력 역시 단순노동으로 환원가능하다는 입장이다. 따라서 노동가치론은 노동의 모든 차원에서 인간 사이의 근본적 차이를 인정하지 않는다. 이를 노동의 다능성(versatility of labor)이

---

[23] "각 사람이 지닌 선천적인 재능의 차이는 사실 우리가 생각하는 것보다 훨씬 작다(A. 스미스, 2007, 1편 2장)." 스미스는 철학자와 짐꾼은 똑같은 상태로 태어나며 이후 이 둘 간의 차이를 낳는 것은 습관, 교육, 관습이라고 지적한다.

4. 가치: 추상적 인간노동　127

라고 부른다. 복잡노동이 단순노동으로 환원되기 위해서는 노동의 다능성이 전제되어야 한다. 이러한 입장은 노동가치론이 정치적으로 민주주의와 친화적인 이유를 설명해준다. 토대에서의 인간 노동의 동등성은 상부구조 영역에서의 인간 권리의 동등성에 조응한다.

엔지니어의 노동 1시간과 오퍼레이터의 노동 1시간은 동일한 시계로 측정한 시간들이지만, 동일한 시계로 측정하였다는 바로 그 사실로 인해 상이한 가치를 지닌다는 점을 드러내지 못한다. 그러나 공과대학을 졸업한 엔지니어의 1시간 노동은 예를 들어 같은 공장에 근무하는 오퍼레이터의 2시간 노동으로 환원될 수 있다. 엔지니어의 노동은 오퍼레이터 노동으로 환원가능하며, 따라서 다능적이다.

서로 상이하고 이질적인 노동들이 하나의 추상적 노동으로 환원되는 과정에서 직종 간 경쟁은 중요한 역할을 수행하였다. 이와 유사하게 숙련도가 높은 복잡노동이 단순노동으로 환원되기 위해서는 상품 간 교환이라는 과정이 요구된다. 이 두 번째 환원의 현실적 측면을 마르크스는 다음과 같이 언급하고 있다.

> 인간노동은 특수한 방향으로 발달하지 않은 평범한 인간이 자기의 육체 안에 평균적으로 가지고 있는 단순한 노동력을 지출하는 것이다. 물론 단순한 평균적 노동 자체도 나라가 다

르고 문화의 발전단계가 다르면 그 성격도 달라지지만, 일정한 사회에서는 이미 알려져 있다. 더 복잡한 노동은 강화된 또는 몇 배로 된 단순노동으로 여길 뿐이며, 따라서 적은 양의 복잡노동은 더 많은 양의 단순노동과 동등하게 여긴다. 이와 같은 환산이 끊임없이 이루어지고 있다는 것은 경험으로 안다. 어떤 상품이 복잡한 노동의 생산물이라 하더라도, 자기의 가치를 통해 단순노동의 생산물과 동등하게 되고 일정한 양의 단순노동을 대표할 뿐이다. 서로 다른 종류의 노동이 그 측정단위인 단순노동으로 환원되는 비율은 생산자들의 배후에서 진행되는 하나의 사회적 과정에 의해 결정되며, 따라서 생산자들에게는 관습에 의해 전해 내려온 것처럼 보인다(『자본 1(상)』, 55).

결국 마르크스에 따르면 생산자들의 배후에서 진행되는 과정, 다름아닌 교환이 복잡노동을 단순노동으로 환원시킨다.[24] 서로 상이한 상품들이 시장에서 서로 교환됨으로써,

---

24 복잡노동을 단순노동으로 환원시키는 방법을 둘러싸고 논쟁이 있어왔다. 교환을 통한 단순노동으로의 환원은 마르크스가 『자본』에서 채택한 방법으로 B. 바베르크에 의해 비판의 대상이 된 바 있다. 바베르크에 따르면 마르크스의 이러한 해법은 결국 가치를 시장교환에서 발생하는 교환가치로 설명하는 시도이다; 애초 마르크스는 가치로부터 교환가치가 결정된다고 주장하였으나 이제 다시 교환가치가 가치를 결정한다고 주장한다. 이는 일종의 순환논법처럼 보인다.
이러한 부르주아 경제학의 비판에 직면하여 마르크스주의 진영에서

4. 가치: 추상적 인간노동

서로 상이한 수준의 노동들이 환원 과정을 거치게 되고 이로서 노동의 다능성이 회복된다. 이러한 환원 과정이 교환에 기반하므로 환원 그 자체는 교환의 속성을 따라 사후적으로 그리고 무의식적으로 이루어진다. 환원 절차를 통한 가치의 결정은 교환에 결정적으로 의존한다.[25]

우리는 두 개의 환원 과정을 논리적으로 구분하였지만 현실에서는 이러한 구분이 무의미하다. 현실의 경우 추상화와

는 시장 교환에 의존하지 않으면서 동시에 단순노동으로의 환원이 가능한 경로를 모색하여 왔다; R. 힐퍼딩에 따르면 교육과 훈련 과정을 통해 숙련 노동자에게 교육 및 훈련노동이 축적되며 이것들이 생산과정에서 (마치 기계의 경우처럼) 상품으로 가치가 이전된다. 따라서 이들 숙련 노동자들을 고용한 자본가들은 이들 교육 및 훈련노동으로부터는 잉여가치를 추출할 수 없게 된다. 복잡노동의 단순노동으로의 환원을 둘러싼 논쟁에 관해서는 M. Itoh, 1988, 149-154 혹은 A. Sinha, 2010, 211을 참고할 것.

25 교환을 통해 가치가 결정된다는 주장은 일견 생산의 중심성을 강조하는 노동가치론에 부합하지 않는 것처럼 보인다. 엄밀히 말하자면 가치를 확정하는 것은 교환이고, 가치의 크기를 결정하는 것이 생산이다. 생산과정에서 노동시간에 비례하여 가치의 크기가 잠재적으로 결정되고, 이후 교환과정을 거쳐 그 가치 크기가 인정 및 확정되기 때문이다. 이를 M. De Vroey는 다음과 같이 표현하고 있다; "교환은 가치를 창출한다. 반면 생산이 가치의 크기를 결정한다(Exchange creates value but production determines the magnitude of value: M. De Vroey, 1981, 177)." 우리는 이 문제를 4.2절에서는 추상의 상이한 원천이라는 관점에서, 5절에서는 가치의 발현과 승인이라는 관점에서 재론할 것이다.

다능화가 동시에 진행되며 따라서 문제는 더욱 복잡해진다. 동일한 상품 혹은 동일한 사용가치를 생산하는 노동들의 경우, 설사 그 노동들의 생산조건이 상이하다 할지라도 단순노동으로의 환원은 그리 큰 문제가 될 수 없다. 개별 노동들은 모두 동일한 사용가치 안에서 비교되기 때문이다. 예를 들어 앞서 언급한 동일 작업장 내에서 엔지니어와 오퍼레이터의 경우가 여기에 해당한다. 반면 상이한 사용가치를 생산하는 노동들의 경우, 단순노동으로의 환원은 어려운 문제를 야기한다. 상이한 사용가치는 그 자체로는 통약 불가능하므로 각 사용가치 생산에 사용된 노동들 사이의 환원 역시 불가능하기 때문이다. 예를 들면 초등학교 교사와 공장 오퍼레이터의 경우가 그러하다. 이 경우 노동의 다능성 문제뿐 아니라 추상성 문제까지 동시에 더해져 문제가 더욱 복잡해진다. 이제 서로 상이한 환원 요구가 중첩되어 존재한다.

현실에서는 중첩 환원의 문제가 생산물시장에서의 교환과 노동시장에서의 경쟁을 통해 해결된다. (1)초등학교 교사가 생산해낸 교육서비스와 자동차 공장 오퍼레이터가 생산해낸 자동차 사이에 교환이 일어날 것이다. 상품들 간의 교환은 상품 배후의 노동들 간의 교환에 해당하며, 따라서 상이한 사용가치를 갖는 상품들 간의 교환이 이루어졌다면,

상이한 사용가치를 생산하는 노동들 역시 교환가능한 단순노동으로 환원될 수 있게 된다.

(2)앞서 논의된 직종 간 진입과 이탈의 과정이 초등학교 교사와 공장 오퍼레이터 사이에 일어날 수 있다. 노동가치론에 따르면 교사와 오퍼레이터 간의 직종 장벽은 교육과 숙련을 통해 극복될 수 있기 때문이다. 상이한 직종 간 이동이 일어난다면 이 과정에서 상이한 사용가치를 생산하는 이질적 노동들 또한 노동일반으로 환원될 수 있게 된다.

요컨대 현실에서 복잡노동이 단순노동으로 환원되는 과정은 교환의 과정에 더해 경쟁의 과정이기도 하다. 현실에서는 모든 것들이 뒤엉켜 동시에 진행되므로 환원의 과정 역시 복수 차원적으로 이루어진다. 다능화는 추상화와 겹쳐 발생하고 그것의 현실적 해결은 교환의 과정이자 경쟁의 과정이다. 교환과 경쟁이라는 시장 과정(market process)이 환원을 가능하게 만든다.

〔규칙 3〕 사적인 노동이 아니라 사회적 노동(social labor)이다. 노동으로부터 가치로 계정 이전을 위해 요구되는 세 번째 규칙은 사회적으로 통용되고 수용되는 노동이어야 한다는 것이다. 상품생산사회에서 이러한 요건에 부합하는 노동은 시장에서 실제로 교환된 상품의 생산에 지출된 노동뿐이다. 상품생산사회에서 사회적 성격을 획득하는 유일한 방

법은 시장 교환 밖에 없기 때문이다. 이러한 관점에서 보았을 때 시장교환을 염두에 두지 않은 노동은 이 규칙을 통과할 수 없고, 따라서 가치를 인정받지 못한다. 여기서 어느 대상이 가치를 인정받지 못한다는 것은 그것이 인간 삶에 유용하지 못하다거나 무의미하고 쓸모없는 것이라는 뜻이 아니다. 그것은 단지 시장에서 교환되지 않는다는 의미이다. 시장에서 교환되지 않지만 인간 삶을 다채롭게 하거나, 풍성하게 만드는 활동들이 얼마든지 존재할 수 있다.

예를 들어 당신의 연인이 정성을 들여 스웨터를 짜 당신에게 생일선물로 선사했다고 가정하자. 애인이 당신에게 스웨터를 상품으로 판매한 것이 아니므로, 그녀의 노고는 사회적 성격을 획득하지 못한다. 그 스웨터는 당신에 대한 그녀의 사랑을 대변할 수 있고, 당신은 그녀의 노고를 인정할 것이지만, 동일한 노고에 대해 사회적 인정은 주어지지 않는다. 그것은 사적으로 지출된 노동의 산물이므로 오직 사적인 인정의 대상으로 그칠 것이다.

또한 만일 당신의 어머니가 일요일 아침 당신을 위해 팬케이크를 굽는다고 가정하자. 팬케이크 역시 스웨터와 마찬가지로 당신에게는 유용한 대상이지만, 시장에서 평가를 받는 상품은 아니다. 대신 만일 어머니가 파리바게트 기업에 취업해서 팬케이크를 굽는다면, 이 때 케이크는 시장에서 평가를 받는 상품이 되며, 그 빵이 판매된다면 어머니의 노동은 사회적 노동의 자격을 갖게 된다. 동일한 기술과 숙련이 사용되었지만 한 경우에는 사적 노동으로 머무는 반면, 다른 한 경우에는 사회적 노동이 된다. 요컨대 노동의 사회적 성격은 오직 시장 판매에 달려 있으며, 따라서 생일선물이나 가족식사를 준비하는데 지출된 개별노동이나 가사노동은 사회적이지 않다.

알랭 바디유에 따르면 사랑이야말로 최소한의 코뮤니즘이다(실제로 19세기 인류학자 L. 모건은 사회주의 사회를 혈연 집단의 확대라고 주장하였다). 연인 관계나 가족 관계처럼 시장교환 관계가 아니라 사랑에 기반한 사회라면, 사적인 인정은 별도의 과정을 거치지 않고 직접 사회적 인정을 받을 것이다. 코뮤니즘은 정의상 사적인 것과 사회적인 것 사이의 구분이 사라지는 사회이기 때문이다. 이 사회형태에서는 교환이라는 매개를 거치지 않고서도, 개인이나 개인의 노력이 사회적 존재나 사회적 노동으로 승인된다. 사랑을 중요한 교리로 인정하는 기독교의 경우에서도 이러한 경향이 드러난다. 성서에 나오는 많은 에피소드들, 예를 들어 포도밭 주인의 예나, 길 잃은 어린 양의 비유, 그리고 돌아온 탕자의 이야기 등 어디에서도 개인은 자신이 기여한 바에 비례하여 분배받지 않는다. 기독교의 가르침에 따르면 포도

밭의 하인들이나 길 잃은 어린 양, 다시 집으로 돌아온 탕자는 각자의 행동과 성과와 무관하게 존재 그 자체로 인해 충분히 보상받아야 한다. 이는 시장교환의 원리와는 거리가 멀고, 대신 코뮤니즘의 원리에 근접한다.

시장 판매를 목적으로 생산되었지만 팔리지 않은 상품 재고 역시 그 생산에 지출된 노동은 사회적 성격을 인정받지 못한다. 사적 노동, 혹은 가사노동은 비가치(non-value)이지만, 판매되지 못한 재고는 미가치(pre-value)이다. 비가치와 미가치 모두 동일하게 사회적 노동으로 인정받지 못한 경우들이다.

〔규칙 4〕 낭비적인 노동이 아니라 필요한 노동(necessary labor)이다. 가치 계정으로의 편입을 위해 상품생산에 지출된 노동은 반드시 현재의 기술발전 수준에 조응하여 요구되는 노동이어야 한다. 다시 말해 상품이 가치를 갖게 되고 그 상품생산에 지출된 노동 역시 가치 생산 노동으로 인정받기 위해서, 노동은 현재의 지배적인 평균적 재생산 요건에 부합되게 지출되어야 한다. 예를 들어 곡물 생산자인 정씨는 곡물 1톤 생산에 20시간이 '필요'하지만, 다른 곡물 생산자들은 평균적으로 이보다 더 적은 10시간만 '필요'하다고 가정해보자. 이 경우 두 개의 필요노동시간이 존재하지만, 시장은 전자의 필요를 모두 인정하지 않는다. 시장은 후자 10

시간 필요를 모두 인정하지만, 전자 20시간 경우 단지 10시간의 필요만을 인정한다.[26]

앞서 들었던 스웨터의 예를 다시 살펴보자. 스웨터 한 벌을 짜기 위해 평균적으로 15시간이면 족하지만, 당신의 애인은 바느질이 서툴러 30시간이 소요되었다. 애인이 스웨터를 선물로 주면서 이것을 짜는데 30시간이 필요했다고 이야기한다면, 당신은 그녀의 주장을 수용할 것인가? 당연히 당신은 상대방의 30시간 노고를 그대로 인정할 것이다. 당신이 받은 것은 상품이 아니라 선물이므로 시장적 평균의 잣대를 들이대지 않을 것이다. 당신과 애인 사이의 관계는 연인 관계이지 시장 관계가 아니기 때문이다. 사회적 관계가 상이하면, 평가와 인정의 척도도 달라진다.

팬케이크의 경우도 마찬가지이다. 집에서 일요일 아침에 가족을 위해 팬케이크를 구울 때 필요한 시간은 아무래도 좋다. 그러나 같은 어머니가 빵 가게를 열어 케이크를 구워 판다면, 이야기가 전혀 달라진다. 불가피하게 시장 경쟁에 참가하게 된 어머니의 경우, 케이크를 굽는데 필요한 사회적 평균 노동시간의 잣대에 의해 그녀의 노동이 평가된다.

---

[26] 보다 엄밀하게 말하자면 정씨를 포함해 상품 생산자가 11명일 경우 사회적으로 필요하다고 인정되는 노동은 $(10 \times 10 + 20) / 11 = 10.909$ 시간이다.

가족을 위해 케이크를 구울 때는 여유 부리는 것이 문제가 되지 않지만, 이제 소비자를 위해 구울 때는 여유가 게으름과 시간 낭비로 뒤바뀐다. 만일 케이크를 굽는데 평균 이상으로 시간을 사용한다면 어머니의 노동 가운데 일부는 낭비된 것이다. 이러한 낭비가 계속된다면 빵 가게 경영에 문제가 발생할지 모른다. 케이크가 상품으로 판매된다면 케이크 생산에 지출된 어머니의 노동은 사회적으로 필요한 노동이 되어야 한다.

평균이라는 잣대는 시장의 고유한 기준이다. 시장은 언제나 상품 생산자들을 평균 이상과 평균 이하로 구분한다. 상품 한 단위를 생산하는데 평균 이하로 노동시간을 지출하는 생산자들에게 시장은 초과 이윤(excess profit)이라는 상을 내리지만, 평균 이상으로 지출하는 생산자들에게는 손실(loss)이라는 벌을 내린다. 만일 벌이 누적된다면 그 상품 생산자는 파산할 것이다.

인간 삶의 모든 영역에 이러한 시장 평균의 기준이 적용되는 것은 아니다. 길거리에 설치된 신호등을 생각해보자. 신호등의 파란색 불이 지속되는 시간은 당연히 횡단보도의 거리에 비례한다. 거리가 멀수록 보행자가 보도를 횡단하는데 시간이 늘어나기 때문이다. 그런데 많은 보행자 가운데 누구를 기준으로 시간을 정해야 할까? 당연히 노약자나 어린아이처럼 보행 속도가 가장 느린 사람을 기준으로 정해야 한다. 시장과는 달리 신호등의 경우, 가장 열등한 성과자가 기준으로 정해진다.

아마도 코뮤니즘, 그것도 높은 단계의 코뮤니즘 사회에서는 삶의 모든 영역에서 이러한 신호등의 기준이 도입될 것이다. 다시 말해 모든 개인이 각자 활동의 모든 내용을 사회적으로 필요한 것으로 인정받을 것이다. 당신의 연인이나 어머니가 평균적으로 기여해야 할 바를 채우지 못한다고 해서 노동의 일부를 낭비한 것으로 나무라지 않은 것처럼 모든 개인들의 활동은 평균의 잣대로 평가받지 않을 것이다. 요컨대 시장을 대신하여 공동체의 원리가 지배적이게 될 것이다. 코뮤니즘 단계에서 이제 글자 뜻 그대로 모든 개인은 형제가 된다. 왜냐하면 가족 단위에 적용되는 원리가 사회 전체로 확산되기 때문이다. 인류는 드디어 평균이라는 가치법칙의 족쇄로부터 해방된다.

일반적으로 가치법칙이 관심을 가지는 노동의 속성은 세 가지이다. 노동숙련, 노동강도, 그리고 노동생산성이다. 고대 노예제 사회와는 달리 상품생산사회에서 생산자의 신분은 더 이상 가치법칙의 고려 사항이 아니다.[27] 오직 숙련도,

---

27 상이한 신분 노동의 문제는 이후 6.1절 아리스토텔레스 사례에서 검토된다.

강도, 생산성만이 가치 결정에 참가한다. 우리가 지금 살피고 있는 [규칙 4]는 이 세가지 노동의 특성이 평균적인 수준일 때 가치 계정으로 편입이 이루어진다는 의미이다. 지배적이고 평균적인 생산조건에 맞추어진 노동만이 상품생산에 필요한 노동으로 간주된다.

그런데 기술진보가 빈번히 발생하고 생산성의 평균 기준이 지속적으로 높아지는 경우, 상품생산사회에서는 **도덕적 감가**(moral depreciation)라는 독특한 현상이 발생한다.[28] 도덕적 감가는 현재 사용하고 있는 것보다 성능이 더 뛰어난 기계를 라이벌 생산자가 도입할 경우 발생한다. 기술진보로 동일한 성능의 기계가 더 적은 노동으로 생산될 때, 기존의 기계를 사용하고 있는 생산자의 경우 경쟁에서 불리한 처지에 놓이게 된다. 구 기계가 상품에 이전하는 가치는 신 기계가 이전하는 가치 보다 더 크기 마련이며, 따라서 신 기

---

28 생산수단, 특히 그 가운데에서도 내구재적 속성을 갖는 기계의 가치가 감가되는 데에는 여러 가지 이유가 존재한다. 기계가 정상적으로 사용되는 경우에도 마모(tear and wear)가 발생하여 기계는 감가된다. 혹은 기계를 사용하지 않고 방치하더라도 녹이 스는 자연적 마멸(natural erosion)로 인해 감가가 발생한다. 기계를 사용한 경우이든 방치한 경우이든, 앞서 두 경우 모두 가치가 줄어드는 것은 기계의 소재적 사용가치 상태의 변경을 수반한다. 그러나 도덕적 감가의 경우, 가치 잠식은 순전히 생산자 혹은 자본가의 머릿속에서만 발생한다.

계를 보유한 라이벌 생산자는 더 적은 가격으로 상품을 판매할 수 있게 된다. 이제 구 기계를 보유한 생산자는 신 기계 생산에 투하된 노동의 기준에 맞추어 상품가치가 재평가되고, 이 과정에서 강제적 감가가 발생한다.

도덕적 감가는 상품 생산에 필요한 노동은 언제나 현재 지배적인 기술 수준에 조응하기 때문에 발생한다. 새로운 지배적 생산기술이 도래한 경우, 과거에 지배적인 생산기술은 필요노동의 기준을 상실하게 된다. 필요노동 기준에 관한 한, 언제나 현재가 과거에 대해 승리한다. 이는 마치 군비경쟁의 원리와 유사하다. 이제 더욱 효과적인 무기 체계를 A국가가 도입하였다면 상대방 B국가의 기존 무기체계는 그 군사적 가치나 전략적 의미가 사라지게 된다. 그것이 상품 생산자들 간의 시장경쟁이든, 아니면 국가들 간의 군비경쟁이든, 모든 경쟁은 언제나 현재 지배적인 기준에 의해 승자와 패자를 가른다. 도덕적 감가의 사례는 (규칙 4)의 필요노동 기준이 현재 시점이라는 점을 부각시켜 준다.

노동계정으로부터 가치계정으로 이전이 일어날 때 요구되는 전환 규칙을 다음의 (표15)와 같이 정리할 수 있다.

〔표15〕 노동계정에서 가치계정으로: 4가지 환원 규칙

규칙	사례
(1) 추상적 노동 규칙	재봉노동과 직조노동은 모두 근육과 신경, 두뇌와 손으로 환원된다. 추상화된 노동만이 가치로 평가된다.
(2) 단순 노동 규칙	엔지니어의 노동은 오퍼레이터의 노동으로 환원된다. 단순화된 노동만이 가치의 회계단위로 평가된다.
(3) 사회적 노동 규칙	애인이 짠 스웨터 대신, 상품인 스웨터가 시장에서 거래된다. 시장에서 교환된 노동만이 가치로 평가된다.
(4) 필요 노동 규칙	파리바게트에 취업한 어머니가 케익을 구울 때 걸린 시간은 시장 경쟁에 의해 규제된다. 평균적 노동시간만이 가치로 인정된다.

4.2 생산과 교환: 추상의 두 원천

> 사물들과 그들의 상호관계가 고정적이지 않고 가변적이라고 파악되는 경우, 그것들의 정신적 표상, 즉 개념도 또한 변화와 변형을 받게 된다는 것, 그리고 사물들과 그들의 상호관계는 경직된 정의 안에 틀어박혀서는 안 되며 그들의 역사적 또는 논리적 형성과정에 따라 전개되어야 한다는 것은 두말할 필요조차 없다(『자본 3(상)』, 17).

앞서 절에서 우리는 노동의 추상화 과정을 살펴보았다. 노동이 추상화됨으로써 개별 노동은 서로 관련을 맺게 되고, 이러한 사회화 과정(socialization process)을 통해 드디어 상품생산사회가 성립한다. 원래 추상이란 인간의 정신 속에서 일어나는 인식의 특수한 형태이다. 따라서 우리는 우선 추상을 하나의 관념으로 이해한다. 그러나 상품생산사회의 노동의 추상화는 관념이 아닌 현실의 과정이다. 만일 우리가 유물론의 방법을 충실히 따른다면, 현실의 추상이 관념의 추상에 선행하는 것으로 보아야 한다. 즉, 삶의 물질적 차원을 조직하는 방식(재생산의 방식)이 추상적 성격을 띠게 될 때, 비로소 추상이라는 관념이 등장한다. 추상의 기원이 관념이 아니라 재생산이 일어나는 토대라면, 재생산의 어느 영역에서 추상이 등장하는가? 그곳은 생산 사이드인가, 아

니면 교환 사이드인가? 이 문제를 둘러싸고 서로 상이한 두 개의 입장이 대립하는 것처럼 보인다.[29]

먼저 생산의 영역에서 노동의 추상화가 현실적으로 이루어지고 있음을 부정할 수 없다. 특히 이러한 경향은 상품생산의 최고단계인 자본주의에서 두드러진다. 자본주의적 노동과정의 전형적인 양상인 광범위한 탈숙련화, 과업의 표준화, 즉각적인 배치전환 경향들은 모든 구체적 노동을 추상적 노동의 상태로 전환시킨다. 20세기 전반기 이래 서구 선진자본주의 국가에서 광범위하게 도입된 테일러주의적 작업편성방식은 자본주의가 발전할수록 노동자들이 호환 가능한(interchangeable) 노동으로 전환될 것이라는 마르크스의 예측이 타당하였음을 보여주는 사례였다. 노동과정에서 일어나는 이러한 양상은 노동 추상화의 진원지로서 생산과정을 지목하는데 필요한 알리바이를 제공한다. 이 관점에서 보자면 통약성은 비단 교환이나 유통영역에서만 발생하는 것이 아니다. 통약의 가능성은 교환의 필요에 의해 임시적이거나 편의적으로 발생한다기보다, 교환의 배후에 존재하는 생산과정의 내재적 경향의 귀결이라고 볼 수 있다.

그러나 노동의 추상화와 그로 인해 가능해진 상품 간의

---

29 다소 거칠게 말하자면 생산 사이드를 강조하는 입장이 투하노동가치론 학파인 반면, 교환 사이드를 강조하는 입장은 루빈 학파이다.

4. 가치: 추상적 인간노동

통약은 기본적으로 교환을 통해서 발생한다고 보는 입장이 있다. 어떤 상품이 다른 상품과 서로 통약 가능해지고 교환가치를 갖게 되는 것은, 다른 어떤 이유에서가 아니라 바로 그것들이 서로 교환된다는 사실에 의해 주어진다. 이 입장에 따르면 애초에 어떤 물적 대상에 동등성의 속성이 이미 갖추어져 있어서 이러한 속성들에 의해 노동생산물이 상품으로 교환되는 것이 아니다(즉 생산과정에서 이미 대상의 통약이 완성된 이후 유통과정에서 거래되는 것이 아니다). 추상 → 통약 → 등가의 과정은 사실상 불가능한 과정이며 이것이 일어난다는 것은 일종의 속임수에 해당한다. 그런데 바로 이 교환이라는 '속임수(trick)'를 통해서만 불가능이 가능으로 전환될 수 있다. 이 점은 마르크스 자신에 의해서도 설명되고 있다.

> 생산자들이 그들의 노동생산물을 가치로서 관계를 맺게 할 때, 그들은 자신의 노동생산물이 동일한 인간노동을 숨기고 있는 단순한 겉껍질이라는 사실을 알고서 하는 것이 아니다. 정반대다. 그들은 자신들의 상이한 생산물을 교환에서 동등한 것으로 여김으로써 자신들의 상이한 노동이 동등하다는 것을 입증한다(『자본 1(상)』, 96, 불어판).

교환의 가장 중요한 결과는 이제 생산이 사용으로부터

'분리'된다는 점이다. 상품 교환이 지배적이 될수록, 상품의 사용가치가 '추상'되기 시작한다. 상품은 이제 생산자가 사용하기 위해서가 아니라 교환하기 위해서 만들어지기 때문이다. 교환 그 자체가 불가피하게 추상을 초래하는 이유가 여기에 있다. 따라서 노동의 추상이 발생하는 장소는 생산의 영역이 아니라 교환의 영역이다. 추상화는 노동 그 자체에서 생겨난다기 보다 개별 인간노동을 서로 교환함으로써 생겨나게 된다. 따라서 노동이 추상노동 혹은 단순노동으로 전환되기 이전에 이미 상품생산자들 사이의 교환 네트워크가 성립해 있었다는 점이 중요하다. 교환의 네트워크가 먼저 성립하고 이러한 네트워크 내 개인들 간 교류, 즉 상품교환을 통해 추상과 통약이 사후적으로 발생한다.

교환이 노동을 추상화한다면, 노동의 추상화를 통해 인간의 사고도 추상화된다. 즉, 인간의 추상적 사유 능력 역시 인간의 교환행위를 통해 가능해진 것으로 보는 것이 타당하다. 다시 말해 추상화는 사유 그 자체에 기원하는 것이 아니라 특정한 역사적 사회적 행동, 즉 교환으로부터 기원한다. 인식의 통합성(추상적 사유능력)은 상품의 통합성(교환에 의한 통약성)과 함께 등장하고 이를 통해서 비로소 드디어 사회다운 사회가 등장한다.[30] 상품 경제의 전형적 귀결인 화폐의 등장과, 추상적 사유의 가장 전형적 형태인 수학의 등장이 시기적으로 일치하는 것은 우연이 아니다.

> 수학적 추론은 상품 교환이 사회적 통합의 기수가 되는 역사적 단계, 즉 주조화폐의 도입과 유통이 시작되던 그 시점에서 나타나야만 했을 것이다. 그리고 최초로 수학적 사유를 귀납적인 방법으로 응용했던 피타고라스가 B.C. 6-7 세기 경 주조화폐가 최초로 퍼지기 시작하던 때에 뒤따라 나왔으며 . . . (A. J. 레텔, 1986, 68).

수학의 성립은 수라는 '양(量)' 화 가능한 개념으로 가능해졌는데, 이는 노동의 추상화를 통해 노동 '량(量)'을 평가하는 상품교환에서 기원하였다고 보는 것이 타당하다.

노동의 추상화가 어디에서 이루어지는가에 대해서는 논란의 여지가 존재한다. 생산의 우위를 강조하는 사람이라면, 추상화는 생산의 영역에서 발생한 것이라고 결론지을 것이다. 반면 교환의 네트워크 관계에 주목하는 사람이라면, 추상은 교환을 통해서 일어난다고 볼 것이다. 그러나 이들 각각이 상품생산사회의 한 단면만을 보고 그것을 특권화하는 것이라면, 오히려 이 두 재생산의 영역을 모두 추상의

---

30 사회가 등장하고 존립하기 위해서 토대와 상부구조 양측 모두에서 추상이 등장하여야 하므로 추상이 도입되지 않은 사회는 참된 사회, 즉 사회다운 사회라고 볼 수 없다.

장소로 보는 것이 타당해진다. 이러한 입장은 단순한 절충과는 거리가 먼데 왜냐하면 상품생산시스템은 발현과 승인이라는 양방향의 작동에 의해 재생산되기 때문이다. 상품의 가치가 교환가치나 가격으로 발현되는 과정은 그 출발점이 노동이 지출되는 생산영역이지만, 교환가치나 가격이 다시 가치로 승인받는 과정은 오직 교환영역을 거쳐야만 하기 때문이다. 이제 다음 절을 이 발현과 승인의 문제로부터 시작해보기로 하자.

5. 화폐: 가치의 최종형태

5. 화폐: 가치의 최종형태

> 글래드스턴은 1844년과 1845년의 필 은행법을 놓고 벌어진 논쟁에서 이렇게 말한 바 있다. 사랑에 빠져 바보가 된 사람보다 화폐의 본성에 대해 깊이 생각하다가 바보가 된 사람이 더 많을 것이다 라고(K. Marx, 1970, 64).

화폐는 우리가 살고 있는 사회를 구성하는 필수적 요소이고 생활 속에서 늘 접하는 친숙한 대상이지만, 그것은 생각하면 생각할수록 신비롭기 그지없는 존재이다. 마르크스는 화폐로부터 이 신비로움이라는 베일을 걷어내기 위해 자본론 1장 3절과, 2장, 그리고 3장이라는 상당한 분량의 지면을 할애하였다. 우리는 이 장에서 〔그림4〕에서 묘사된 가치의 마지막 차원인 가치형태에 관해 고찰하면서, 가치형태 발전의 최종 결과인 화폐를 살펴보고자 한다.

5.1 가치의 발현과 승인

마르크스에 따르면 화폐는 교환으로부터 필연적으로 등장한다. 앞서 언급하였듯이 가치의 실체는 인간노동일반 혹은 추상적 인간노동이다. 그런데 이것들은 형이상학적 속성이므로 우리가 이를 직접 확인할 수 없다. 바로 대상의 추상적 성격이 이러한 직접적 인식 가능성을 부정하기 때문이다. 그것은 오로지 교환가치라는 현상을 통해서만 우리에게 드러난다. 교환가치란 어느 한 상품을 다른 상품으로 표현한 것으로 교환비율로 표현되며 경제학에서는 상대가격으로 알려져 있다. 가치는 오직 이러한 교환비율의 형태로만 인간의 인식에 포착된다. 요컨대 가치는 교환가치로 발현된다.[31]

그러나 이러한 가치의 교환가치로의 **발현** 과정(the process of appearance)은 불완전하다. 왜냐하면 교환가치는 불가피하게 상품의 구체적 측면인 사용가치와 결부되기 때문이다. 어느 대상이 상품이 되기 위해서는 교환가치와 사용가치가 양립하여야 하며, 하나의 상품 안에서 교환가치는 사용가치와 불가피하게 얽혀있다. 그런데 이러한 얽힘은

---

[31] 우리는 이후 가치 → 교환가치 → 가격이라는 발현의 완전한 과정을 설명할 것이다.

가치의 발현을 방해한다. 왜냐하면 주지하다시피 사용가치의 속성은 구체성인데, 이 구체성이 가치의 추상성을 교란시키기 때문이다.

따라서 이러한 교환가치가 가치와의 일치성을 확인하는 절차가 추가적으로 요구된다. 이 확인 과정 즉, **승인 과정**(the process of validation)을 통해 개별적 교환가치는 가치와의 일치성을 회복한다. 승인의 과정을 거쳐야만 상품생산에 지출된 노동의 사적 성격이 사회적 성격을 얻을 수 있다. 가치의 크기는 사회적 필요노동시간인데, 이러한 상품세계 규칙으로부터 이탈한 교환비율은 재확인 과정을 통해 교정된다. 이러한 교정 혹은 사회화의 구체적 과정이 다름아닌 교환과 경쟁이다.

우리는 앞서 3.3절에서 발현과 승인이라는 개념은 사용하지 않았지만 그럼에도 그것들의 기본원리에 대해 이미 살펴본 바 있다. 교환이 가치법칙을 확립하는 과정에서 가치가 현시되고(revealed, 발현과정), 가치법칙이 교환비율을 교정하는 과정에서 가치는 사회화된다(socialized, 승인과정). 이러한 과정은 노동가치론의 초기 발전단계에서부터 꽤 분명하게 인식되었다.[32]

---

32 애덤 스미스는 자신의 저서 『국부론』에서 등가교환을 설명하기 위해 비버와 사슴의 교환을 사례로 들고 있다. 비버 한 마리 사냥에 이틀이

가치의 발현과 가치로의 승인 양방향 모두에서 교환은 중요한 매개의 역할을 수행한다. 상품생산사회에서 교환의 필연성은 이 사회의 재생산구조의 특수한 형태로부터 기인한다. 이 사회는 생산의 사회적 조직형태가 분업이므로 불가피하게 생산과 소비가 분리된다. 이 경우 오로지 교환을 매개로 해서만 사회의 분열이 통합되고 재생산이 완결된다. 이 사회형태 안에서 개인은 원자적 단위로 독립적 실존을 경험하는데 그럼에도 이들 사이에 사회가 구성되기 위해서

소요되고 사슴 한 마리 사냥에 하루가 소요된다면 시장에서 비버 한 마리는 사슴 두 마리와 교환되어야 한다. 이러한 시장 교환비율은 가치 규정에 부합하므로 발현은 정상적으로 이루어진 셈이다. 그런데 만일 어떤 계산상의 착오로 이제 시장에서 비버와 사슴의 교환 비율이 일대일이 되었다고 해보자. 이는 올바른 발현이 아니므로 이를 교정할 추가적인 과정이 요구된다. 이제 사람들은 비버 사냥에 드는 노고가 사슴 사냥에 드는 노고에 비해 여전히 두 배이지만, 시장에서 교환은 이를 무시하는 것을 발견한다. 즉 생산조건이 예전과 동일함에도 불구하고, 교환조건에 교란이 초래된 상황에 직면한 것이다. 사람들은 하루 사냥을 통해 사슴 한 마리를 얻고 이를 이틀 노고의 결과인 비버와 교환하는 것이 이득임을 알게 된다. 더 많은 사람들이 이제 비버 사냥을 포기하고 사슴 사냥으로 몰려드는데, 이 과정에서 사슴의 공급은 증가하고 비버의 공급은 감소한다. 따라서 결국 사슴의 교환가치는 감소하고 비버의 교환가치는 증대하여 다시 원래의 교환비율이 달성된다. 요컨대 경쟁과 교환을 거쳐 가치 확인 혹은 가치 승인이 이루어진 셈이다. 우리는 이미 동일한 내용을 3.3절에서 사고실험을 통해 살펴본 바 있다([표14] 참고).

는, 그리고 일단 구성된 사회가 지속되기 위해서는, 교환이라는 확인 절차가 요구된다.

개별적 노동 그 자체는 자신이 사회적 총노동의 일부임을 처음부터 입증하지 못한다. 분업과 '교환'의 네트워크로부터 벗어나 있는 개인은 사회적 생산력의 일부로 계산되지 않기 때문이다. 사적 노동 그 자체는 스스로 자신의 사회적 유용성을 입증하지 못한다. '교환'되지 못한 상품인 재고는 노동의 유용성이 아직 확인되지 못한 경우이기 때문이다. 구체적 노동 그 자체는 통약 속성을 보장받았다는 것을 입증하지 못한다. 사용가치라는 질적 상이함으로 인해 '교환'에 의해 매개되지 않는 노동은 비교가 불가능하기 때문이다. 오로지 교환을 통해서만 개별적 노동은 사회적 총노동의 일부가 되고, 사적 노동은 사회적 정당성을 획득하며, 구체적 노동은 추상적 성격을 띠게 된다. 상품생산사회에서 재생산의 모든 요구는 교환으로 집중된다고 말해도 과언이 아니다. 이 점은 앞서 이미 언급된 바 있지만 반복하여 강조할만한 가치가 있다.

원시 공동체 사회나 고대 제국의 경우, 전통적으로 계승되는 규칙이나 행정적 위계적 의사결정이 교환을 대신한다. 이들 사회에서 인간과 인간 사이의 교류양식 혹은 거래양식은 선물 증정이나 대규모 재분배의 형태를 띤다. 따라서 이들의 경우 경제적 재생산 과정이 분절될 필요가 없다. 설사 이들 사회에 초보적인 분업이든, 거대하고 정교한 분업체계이든, 분업이 존재한다 해도 분업의 개별 갈래들을 시장교환이 이어줄 필요는 없다. 따라서 이들 사회의 경우 발현도 승인도 불필요하다. 이들 사회에서는 개별 노동이 곧 총노동이고, 사적 노동이 동시에 사회적 노동이며, 구체적 노동만이 유일한 노동 형태이다.

5.2 화폐 출현

상품생산사회에서는 모든 상품 생산자들이 독립적인 존재들이며 따라서 사회의 완결성과 경제적 재생산을 위해 반드시 교환이라는 승인 과정이 요구된다. 그리고 교환이 가능하기 위해서는 상품의 교환비율을 확정해 줄 통약 척도가 존재하여야 한다. 그런데 상품 생산자들의 모든 개별 노동은 질적으로 상이하며, 따라서 특정한 개별 노동은 통약성을 보장하지 못하고 가치의 사회적 척도가 될 수 없다. 여기에 바로 상품생산사회의 근본적 모순이 존재한다. 이러한 사회적 모순은 다름아닌 상품의 모순, 즉 사용가치와 가치 간의 모순으로 집약된다. 상품의 모순이 곧 **상품생산사회의 모순**이다. 개별적 노동과 총노동 간의 모순, 사적인 노동과 사회적 노동 간의 모순, 구체적 노동과 추상적 노동 간의 모순, 이 모든 모순들은 공통적으로 상품의 모순에 기원한다.

현실에 대한 변증법의 중요한 통찰 가운데 하나는 "문제는 반드시 그 해결수단과 함께 등장한다"는 점이다. 우리가 그것을 문제로 인식했다는 것은 문제상황이 이미 충분히 무르익었다는 것이며, 동시에 문제해결의 실마리 역시 형성되고 있다는 것을 뜻한다. 다시 말하자면 문제해결의 실마리가 준비될 정도로 사태가 충분히 성숙되었다면, 사람들은 이제 문제의 존재를 깨닫게 되고, 문제를 문제로서 인식하게 된다.[33] 상품생산사회의 가장 근본적인 모순 혹은 문제는 상품생산사회가 발전함에 따라 그 해결책을 준비하게 된다.

모순의 해결책을 이해하기 위해 마르크스가 사용하였던 예를 가져오기로 하자. 예를 들어 시장에서 20미터의 린넨

---

33 "인류는 언제나 자신이 풀 수 있는 문제들만을 제기한다. 왜냐하면, 더 자세히 고찰해 볼 때 문제 자체는 그 해결의 물질적 조건들이 이미 존재하고 있거나 적어도 형성과정 중에 있을 때에만 생겨나기 때문이다(K. 마르크스, 1992, 478)." 이와 관련해서는 류동민, 2009를 참고할 것. 역사에는 가끔 문제가 문제로서 충분히 인식되기도 전에 문제를 제기한 사람들이 출현한다. 그러나 이들의 운명은 몰인정과 멸시이다. 16세기 농민혁명의 기수였던 T. 뮌쩌나 철학자 J. 브루노가 그 대표적인 사례이다.

옷감이 1벌의 양복과 교환된다고 가정해보자. 이 경우 린넨은 양복에 의해 그 가치가 표현된다. 다시 말해 1미터 린넨의 가치는 양복 1/20벌이다. 물론 린넨의 가치는 양복 이외 다른 상품, 예를 들어 면사 2킬로그램으로도 표현될 수 있다. 이 경우 1미터 린넨의 가치는 면사 1/10킬로그램이다. 자신의 가치를 표현해주는 상품이 달라짐에 따라서 린넨의 가치는 달라지며 이러한 의미에서 린넨은 **상대적 가치형태**(relative value form)라고 부를 수 있다. 반면 린넨의 가치를 표현해주는 재료인 양복은 **등가형태**(equivalent form)라고 부른다. 등가형태는 화폐의 원초적 씨앗이다. 왜냐하면 화폐는 자신을 기준으로 다른 상품의 가치를 표현해주는데, 비록 원시적이나마 등가형태인 양복이 이러한 역할을 수행하기 때문이다. 원래 양복은 상품이었으므로 의복 고유의 사용가치를 가지고 있다. 양복은 추위와 더위를 피하거나 의식에 참가하기 위한 기능을 가지고 있다. 그러나 이제 양복 상품에 린넨 상품의 가치를 측정하는 가치 표현의 수단이라는 새로운 사용가치가 부가되었다. 등가형태란 다른 상품의 가치를 측정할 수 있는 유용성을 말한다.

비록 그것이 맹아적 상태이기는 하지만 등가형태는 상품생산사회의 근본적 모순을 해결한다. 등가형태 그 자체가 하나의 사용가치이며, 이 사용가치를 통해 가치가 대변되기 때문이다. 요컨대 등가형태 내부에서는 상품의 기본적 모순이 해결된다. 동일한 이야기를 다른 관점에서 이해할 수 있다; 등가형태의 경우 구체적 유용노동이 곧바로 추상적 인간노동을 대변하며, 사적인 노동이 직접적으로 사회적인 노동을 대변한다. 따라서 등가형태는 승인의 과정을 스스로 입증한다. 원래 상품들 간의 교환이 교환가치가 가치로 회귀하는 방법이지만, 이제 이미 이러한 회귀를 스스로 실현한 독립적 대상이 출현하게 된 것이다. 그것은 처음부터 총노동이고, 직접적으로 사회적 노동이며, 벌써 이미 추상적 노동이다.

이 세계의 상품이 오직 린넨과 양복 밖에 없다면 양복은 린넨의 가치만을 측정하겠지만, 이제 무수히 많은 상품이 존재하는 세계라면 양복은 이 모든 상품의 가치를 측정하게 된다. 이 단계에 이르러 양복 생산에 지출된 재봉 노동은 진정으로 추상적 인간노동을 대변하고 직접적인 사회적 노동을 대표한다. 이제 양복은 특정한 교환에서만 가치를 대변하는 것이 아니라, 상품 세계 전역에서 가치를 대변할 수 있게 된다. 등가형태는 보편적 성격을 획득하고 따라서 **보편적 등가물**(general equivalent)이 된다.

일반적으로 교환은 교환 당사자의 상품 욕구가 서로 맞아떨어져야만 가능하다. 이러한 욕구의 상호일치가 없다면 여러 우회적인 교환을 통해서만 비로소 자신이 원하는 상품을 얻게 될 것이다. 그러나 이제 모든 상품 생산자가 자신의 상품을 보편적 등가물과 교환할 의향을 가지게 되므로 우회는 불필요하며, 단 한번의 턴만으로도 최종적인 교환 단계에 도달할 수 있게 된다.

한 가지 예를 들어보자. 교환의 범위가 확대되고 빈도가 증대되면서, 사람들은 특정한 상품을 교환의 척도(자, ruler)로서 사용하는 것이 편리하다는 점을 깨닫기 시작한다. 그러나 각 개별 생산자들은 처음에는 아마도 자신이 생산한 상품을 자연스럽게 그 척도로 사용할 것이다. 어느 개별 생산자의 경우이든 자기에게 필요한 모든 생산물은 자신이 만든 생산물의 단위로 계산된다. 예를 들어 탁자 생산자는 이 세상 모든 상품과 부를 자신의 머리 속에서 탁자의 형태로 전환하여 그 가치를 평가한다. 그러나 탁자가 모든 사람들에게 언제나 절대적으로 필요한 대상이 아니므로, 이 생산자의 인식은 지나치게 안이하고 자기중심적이다. 그는 생계를 유지하기 위해 다양한 상품을 필요로 하지만 그가 내놓을 수 있는 상품은 탁자, 단 하나뿐이다. 다른 모든 생산자들의 처지도 그의 경우와 동일하다. 교환은 이 사회의 재생산에 결정적으로 중요하지만, 사적 생산자들의 자기중심적 요구는 전면적인 교환을 어렵게 만든다.

따라서 각각의 모든 상품이 모든 사람들에게 전면적으로 그리고 무제한적으로 수용되는 것은 불가능하다. 그러나 여러 상품들 가운데 어떤 특정한 상품은 다면적인 욕구의 대상이 될 수 있으며, 개인의 생계에 포괄적인 중요성을 가질 수 있다. 예를 들어 어느 민족에게 이 대상은 가축일 수 있다. 가축은 고기나 우유를 제공하므로 식량의 원천일 수 있고, 가죽을 제공함으로 의복을 공급할 수 있으며, 토지에서 작업할 때 유용한 동력원으로도 사용할 수 있다. 이러한 다양한 용도로 인해 이 민족의 내부에서 가축은 편리한 교환수단으로 인정된다. 가축은 다른 모든 상품과 교환되며, 거래에서 가축을 수용하지 않는 생산자들은 찾아 볼 수 없게 된다. 이제 사람들은 모든 상품을 가축과 비교하여 가치를 평가하므로, 상품의 가격은 가축과의 교환비율로 표시된다. 따라서 탁자와 같은 다른 상품들은 가축과의 교환을 통해 사회적 유용성을 인정받게 된다. 오로지 가축과 교환됨으로써 탁자 제작에 지출된 사적 노동은 사회적 노동으로 전환된다. 자신의 제품을 가축과 교환함으로써 이제 탁자 생산자는 더 이상 고립적이지 않고, 다른 상품 생산자와 연결된다. 드디어 단순한 개인들의 합이 아닌 유기적인 사회, 즉 상품생산사회가 완성된다. 이 과정에서 가축은 **직접교환가능성**(direct exchangeability)을 체화하며, 가축 사육에 지출된 인간 노동은 그 자체가 처음부터 사회적 성격을 획득한다. 가치는 추상적이므로 인간의 인식으로부터 벗어나 있지만, 이제 이 가치는 가축이라는 형태로 물화(物化)된다. 상황이 여기에 다다르게 되면, 이제 가축의 기존 용도는 이 새로운 용도에 비해 중요성이 떨어지게 된다. 가축의 가장 중요한 용도는 더 이상 식량이나 의복, 동력원의 공급이 아니라, 배타적인 가치척도의 기준(가치 표현의 재료, 혹은 가치 평가의 저울)이 된다. 가축은 이제 보편적 등가물이 된다.[34]

보편적 등가물의 등장으로 이제 가치의 척도를 재는 자는 하나로 통일된다. 각각의 상품이 다른 모든 상품의 가치를 재는 척도라면 자가 너무 많은 셈이다. 자는 오직 하나일 경우에만 유용하며, 최종적으로 보편적 등가물이 단일한 자의 역할을 수행한다. 그리고 이를 통해 교환의 난점이 해결되고 거래비용(transaction costs)이 절감된다.

다시 간단한 예를 하나 들어보자. 어느 물물경제(barter economy)에서 거래되는 상품의 품목이 A, B, C, D 네 가지가 있다(n=4). 이 경우 물물경제에 참가한 개인이 알아야 할 상품의 상대가격의 수는 6개이다. 이 문제를 풀기 위한 일반 공식은 n(n-1)/2이다. 한편 만일 하나의 상품(예를 들어 A)

---

[34] 보편적 등가물의 사례로 가축을 든 것은 R. 룩셈부르크, 2015, 278-289를 따랐다.

이 가치의 척도가 되어 다른 상품 B, C, D의 가치를 표현한다면 이제 개인이 알아야 할 가격의 수는 3개에 불과하다. 가치척도가 된 상품 A의 가격은 정의상 1이 될 것이고 나머지 B, C, D 상품은 A의 가격에 대비되어 각각 가격이 계산된다(따라서 일종의 지수 체계(index system)가 성립된 셈이다). 자가 4개인 경우보다 1개인 경우 다루어야 할 가격 정보의 양이 줄어든다.

만일 상품의 수(n)가 증대하여 거래되는 품목의 수가 100개가 되었다고 가정해보자. 물물경제의 경우 가격의 개수는 (100x99)/2=4,950개이지만, 화폐경제의 경우 99개에 불과하다. 상품의 수가 증대할수록 개인이 알고 있어야 할 상대가격의 수는 급격하게 증대하고, 따라서 교환에 수반되는 추가적 거래비용은 크게 상승한다. 상품 A는 계산척도 및 회계단위로 사용된 화폐에 해당하며, 이처럼 화폐는 거래 계산에 수반되는 비용을 줄이기 위해 등장한다. 따라서 화폐의 등장에는 사회적 승인 기능과 더불어 이러한 **거래의 경제**(economies of transaction)라는 측면이 존재한다.

시간이 경과하면서 여러 민족과 공동체에서 다양한 보편적 등가물이 등장한다. 어느 민족에서는 곡물이, 다른 민족에서는 옷감이 보편적 등가물의 기능을 수행한다. 고대 제국들의 경우 보편적 등가물은 앞서 살펴본 가축이었다. 라틴어에서 화폐에 해당하는 단어 Pecunia는 가축을 의미하는 단어 Pecus에서 유래하였다.[35] 그러나 시간이 경과하면서 보편적 등가물의 물적 형태는 단일하게 단 하나의 상품으로 수렴하는데, 그것은 다름아닌 금 상품이다. 금은 가치분할이라는 필요에 쉽게 부응할 수 있게 가분성(可分性)이 뛰어났고, 소량으로도 대규모 거래가 가능할 정도로 소재를 절약할 수 있었으며, 무엇보다도 추상적 인간노동이라는 이미지에 걸맞게 순도 또한 높게 유지될 수 있었다. 금이 갖는 이러한 사용가치적 속성으로 금은 가치의 최종 물적 대표의 지위를 획득하였다. 보편적 등가물이 금으로 고착될 때, 우리는 드디어 화폐(Money)가 출현하였다고 이야기한다.

화폐 등장의 긴 여정을 다시 한 번 요약해 보기로 하자. 가치의 실체인 추상적 인간노동은 정의상 개별적인 구체적 노동과 구분된다. 이 추상적 노동이 발현되어 교환가치가 출현한다. 그러나 교환가치 자체는 상품의 한 속성으로, 또 다른 속성인 사용가치와 밀접하게 얽혀있다(entangled). 따라서 발현 과정은 필연적으로 불완전하다. 오로지 상품교환을 거쳐서만 교환가치는 완전하게 가치로 귀속되고 승인과정이 종료된다. 그러나 교환이 물물교환 즉, 바터형태로 이루

---

35 이는 오늘날 화폐 단위 가운데 하나인 페니(penny)의 어원이다.

어지는 경우 무수한 우회로 인해 번거로움이 커지게 되고, 이 과정에서 거래와 관련된 리스크와 난관은 증대한다. 사적인 노동이 사회적 노동으로 승인되고 바터교환의 거래적 비용을 줄이기 위해, 이제 특정한 상품이 나머지 상품들로부터 분리되어 등가물로 기능하기 시작한다. 시간의 경과에 따라 이 보편적 등가물은 금으로 수렴하게 되는데 이것이 화폐의 등장이다. 화폐의 등장으로 이제 추상노동과 교환가치 간의 공백이 채워진다. 화폐는 교환가치가 특정한 사용가치와 결합되어 발생하는 문제를 해결한다. 왜냐하면 화폐는 그 사용가치 자체가 교환가치를 대변하는 것이기 때문이다. 오직 화폐가 도입됨으로써만 상품의 교환가치는 사용가치로부터 완전하게 독립한다.

화폐는 가치, 즉 추상적 인간노동의 물질화된 형태이다. 가치 자체는 인간의 인식 범위 바깥의 존재이지만, 화폐의 도입으로 인간은 가치를 물적 존재로 인식할 수 있게 되었다. 신은 인간이 이해하거나 인식할 수 없는 존재이지만, 신의 아들인 예수를 통해 우리는 신과 접촉하게 된다. 예수가 **신의 강생(incarnation)이듯이 화폐는 가치, 즉 추상적 인간노동의 강생이다.**

상품생산사회의 유일한 인간적 유대가 교환을 통해서만 성립되고, 교환은 불가피하게 화폐를 낳는다면, 이제 화폐 그 자체가 사회의 성립을 가능케 한다. 모든 사적인 관계들은 화폐와 교환됨으로써만 사회적 성격을 가지게 되기 때문이다.

> 상품 생산에 기초한 사회에 있어 사회적 통합은 마르크스 표현을 빌면 보편적 등가가치로서의 화폐 기능에 집중되어 있다(A. J. 레텔, 1986, 21).

> 교환에 내재해 있는 현실 추상은 오직 주조화폐에서만 식별할 수 있게 된다 . . . 주조화폐의 도입과 보급은 공동생산형식을 몰아내고 물화에 기초한 사회통합형식을 포고했다. 왜냐하면 소위 사람들 사이의 사회적 관계는 그들의 생산물이 화폐적 형태의 가격으로 . . . 그들의 상품 언어로 상호 통합되는 사회적 관계로 변형되기 때문이다 . . . 주조화폐는 사회적 통합의 매개자로서 기능한다(같은 책, 93).

화폐와 관련해 큰 그림(Big Picture)은 다음과 같다. 노동, 즉 추상적 인간노동이 가치의 실체였다. 가치는 추상적이므로 반드시 교환가치의 형태를 취해야만 인간들에게 인식될 수 있다. 그 가치 형태의 최종 진화 단계가 화폐이다. 따라서 화폐는 가치의 표현이다. 그러므로 화폐의 최초 용도 혹은 사용가치는 가치를 대변하는 기능, 혹은 가치를 측정하는 기능이다.

5.3 노동화폐 비판

특정한 조건 아래에서 분업은 교환을 필요로 한다. 모든 분업이 교환을 필요로 하는 것은 아니다. 고대 공동체 사회나 오늘날 현대적인 공장 작업장의 경우, 분업은 작동하지만 생산단위들 간의 거래가 교환의 형태 대신 위계의 형태를 갖는다. 교환은 오직 상품생산사회 내 독립적인 생산자들 사이에서 발생한다. 일단 교환이 시작되면 앞서 언급한 보편적 등가물 단계를 거쳐 반드시 화폐가 출현한다. 이 과정은 필연적인데 왜냐하면 상품생산사회가 완성되기 위해 화폐는 필수불가결하기 때문이다. 다시 말해 화폐의 필요성이 화폐의 필연성의 근거이다. 따라서 화폐의 필연성은 다름아닌 필요에 따른 필연성(necessary necessity)이다.[36] 만일 햄릿이 왕자가 아니라면 연극 『햄릿』은 밋밋하기 그지없을 것이다. 극이 진행되기 위해 반드시 햄릿은 왕자여야 한다. 화폐가 없는 상품경제는 마치 왕자가 없는 햄릿과 유사하다. 이러한 관점은 마르크스로 하여금 프루동의 유토피아적 프로젝트에 대해 비판적 견해를 갖게 만들었다.

19세기의 프랑스 사상가였던 J. 프루동은 일찍이 "재산은

---

[36] 독일어 notwendig는 '필연'이라는 의미와 '필요'라는 의미를 동시에 지닌다. 이 점을 지적해준 홍승용 교수께 감사드린다.

도둑질"이라고 설파하였다. 더군다나 그에 따르면 재산 소유자는 화폐를 대부하고 이자를 부과함으로써, 노동 없이 소득을 이끌어낸다. 프루동의 경우 이는 부당한 일인데 왜냐하면 화폐는 단지 교환의 편의를 위해 도입된 수단에 불과하므로, 대부이자가 허용된다면 원금화폐의 손실 없이 여러 번 판매가 허용되기 때문이다. 불행의 근원이 화폐에 있다고 생각한 프루동은 이자 없이 은행신용을 사용할 수 있게 하자는 사회개혁안을 제시하였다. 무료 신용을 위해 교환은행의 설립이 제안되었는데, 이 은행은 상품매매가 이미 이루어졌거나 최소한 이루어지기로 약정되어 어음이 발행된 경우 교환권을 발급한다. 교환권은 금 태환이 불가능하지만, 사람들이 상품 제공의 대가로 이 교환권을 받는 것에 동의한다면 화폐를 대신할 것이다. 교환권 제공에 대해 이자는 부과되지 않으며 따라서 이자는 폐지된다. 교환권은 오직 노동에 기반한 증서이므로 노동을 통하지 않고서는 재산의 축적이 불가능해진다. 이로서 재산과 노동은 다시 결합된다.

프루동과 유사한 아이디어가 영국의 사회개혁가 J. 그레이에 의해서도 제안되었다. 그에 따르면 국립은행은 생산자가 생산해낸 상품을 사들이고, 생산자는 그 대가로 상품 제작 노동시간이 명기된 증서(labor note)를 받을 수 있다.

생산자는 증서를 이용해 국립은행의 재고 창고에 비축된 다른 생산자의 제품을 그 증서에 명기된 시간 크기만큼 구매할 수 있다. 만일 이 개혁이 실현된다면 이제 교환가치의 척도는 화폐가 아니라 노동시간 그 자체가 될 것이다. 요컨대 그레이는 노동시간을 화폐의 직접적인 도량단위로 제안한 셈이다.

프루동의 교환권이나 그레이의 노동증서는 하나의 생각을 공유하고 있다. 그것은 모든 상품들이 애초부터 사회적 노동의 생산물로 교환될 수 있다는 것이다. 프루동의 경우 화폐로부터 대부 수익을 창출하는 자본의 기능을 폐지하고, 화폐는 단순한 교환의 수단으로 되돌아가야 하며, 오직 노동만이 진정한 가치의 원천으로서 유일한 가치척도로 인정되어야 한다. 그레이의 경우 노동증서에 명기된 노동시간이 상품과 상품 간의 교환비율을 직접 규제하게 되며, 따라서 화폐를 매개하여 우회적으로 교환비율을 정할 필요가 없게 된다. 이 두 주장 모두 모든 생산물들이 사회적 노동의 생산물로서 직접 서로 관련을 맺을 수 있다는 하나의 숨겨진 전제에 기반하고 있다. 이로 인해 두 주장은 생산자들의 개별적인 생산조건을 있는 그대로 사회적으로 인정하자는 주장에 동시에 도달하게 된다.

그러나 현실에서 생산자들의 경영능력이나 기술수준은

모두 다르며, 따라서 동일한 상품 생산에도 상이한 시간이 소요될 것이다. 시장은 언제나 사회적 필요시간, 즉 평균적 시간을 그 상품의 가치로 인정하며, 이러한 가치 크기의 규제는 교환의 중요한 기능이다. 오직 시장 교환을 통과한 대상의 경우에만 사회적 유용성이라는 인장이 찍히게 된다. 그런데 시장 교환의 과정은 필연적으로 화폐를 창출한다. 이제 빵 상품이 스웨터 상품과 직접 교환되어서가 아니라, 빵이나 스웨터가 각각 금 화폐 일정량과 교환됨으로써 두 상품생산에 지출된 사적 노동이 사회적 성격을 획득하게 된다. 따라서 **교환이 필연적이라면 화폐 역시 필연적이 된다.**

그러나 프루동과 그레이는 사실상 상품과 화폐와의 교환을 무시하고 사적 노동을 처음부터 사회적인 것으로 인정하자고 주장하는 셈이다. 그들의 이러한 주장이 만일 상품생산사회가 아니라 공동체 사회라거나 혹은 **자유로운 개인들의 연합**(an association of free men)을[37] 전제한 것이라면 이는 타당하고 합리적이다. 순수한 공동체 사회에서는 그 구성원리에 따라 각자의 노동시간이 그대로 가감없이 공동체에 대한 개인의 기여로 인정되고 평가받는다. 자유로운 개인들의 연합에서도 각 개인의 분배 몫은 각자의 노동지출

---

37 이는 마르크스가 코뮤니즘 사회를 표현하기 위해 사용한 개념이다. 이에 대해서는 이후 6.3절에서 다시 살펴보기로 한다.

시간에 비례하며 생산성과 무관하게 결정된다. 공동체나 자유로운 개인들의 연합이 아니라 할지라도 현실에서도 이와 유사한 인정과 평가가 일어난다. 예를 들어 스웨터를 짜서 생일선물로 선사한 당신 애인의 노동시간 역시 모두 그대로 인정받을 것이다. 공동체 성원의 경우이든, 자유로운 개인들의 경우이든, 연인 사이의 경우이든, 공통적으로 그들이 참가하는 사회적 관계는 상품관계가 아니며 그들의 교류양식도 시장거래가 아니다. 비상품관계의 경우 사적인 노동은 처음부터 사회적 성격을 획득한다. 그러나 프루동이나 그레이는 여전히 상품사회형태를 전제한 채, 화폐와의 교환이 있기도 전에 사적 노동에 직접 사회적 성격을 부여하고 있다. 그들은 상품생산사회를 상정하면서 동시에 노동생산물을 상품으로 인정하고 있지 않다. 이로써 그들은 자기모순에 빠지게 된다.

상품생산사회의 경우 노동시간이 가치의 내재적 척도임에도 불구하고 이에 추가하여 화폐라는 외재적 가치척도가 존재한다. 만일 화폐가 단순히 상품의 가치를 드러내는 발현의 수단에 불과한 것이라면, 노동증서로 화폐를 대체하는 데 아무런 문제가 없을 것이다. 그러나 화폐와의 교환은 교환가치를 다시 가치로 환원하여 사적 노동의 사회적 성격을 재확인하고 인정해주는 절차이기도 하다. 그레이가 고안한 노동증서 화폐가 통용될 경우, 게으른 상품생산자는 자신의 노동시간을 과장해서 증서에 기입할 수 있고, 이는 상품유통과정에서 과다한 가치 인정을 초래할 것이다. 요컨대 노동화폐 인플레이션이 발생할 것이다. 화폐란 서로 상이한 개인들 간의 노동시간을 비교하고 평가해주는 시장의 절차이다. 이 절차는 상품생산자의 개인적 노동조건을 일일이 모두 수용하는 대신 사회적 평균이라는 기준을 일괄 적용한다. 노동생산물이 상품으로 교환되기 시작한다면 필연적으로 화폐가 등장하게 되고, 이제 바터교환이 아니라 화폐교환을 통해서만 가치 인정이 완성된다. 다시 강조하건대 화폐는 추상적 인간노동의 필연적 물질화이고, 상품의 역사는 화폐 등장의 역사이다.

결국 화폐는 상품생산사회의 필수적 구성요소이고 따라서 자의적으로 제거할 수 없다. 상품생산이 전제되는 한, 화폐 없이 사회적 재생산은 불가능하다. 그러나 사회형태가 더 이상 상품생산에 기초하지 않는다면 이야기가 달라진다. 영국의 또 다른 사회개혁가였던 R. 오언은 자신이 설립한 공동체, 뉴 하모니(New Harmony)에서 '10시간'이라고 표기된 노동화폐를 발행하여 통용시켰다. 그러나 오언은 프루동이나 그레이와는 달리 상품생산사회를 전제하지 않고 모든 개별노동이 직접 사회적으로 인정되는 공동체적 사회형태를 현실에 도입하였다. 따라서 뉴 하모니에서 개별 노동자들의 노동은 추상적 인간노동으로 환원될 필요없이 직접 교환가능한 사회적 노동으로 인정되었다. 마르크스의 표현에 따르면 오언의 시도가 "교황이 없는 개신교를 만들려는 것"이라면, 프루동과 그레이의 시도는 "교황이 없는 가톨릭을 만들려고 하는 것"이다. 교황이 개신교에서는 불필요한 존재이듯이, 화폐는 공동체나 자유로운 개인들의 연합 사회에서는 불필요한 존재가 된다.

  R. 룩셈부르크의 다음 언급은 프루동과 그레이의 시도가 왜 부질없는 시도인지를 잘 설명해준다.

> 과학적 정치경제학이 만들어지고 스미스 - 리카도가 모든 상품의 가치는 인간 노동에서 기인한다는 위대한 사실을 발견했을 때, 곧바로 노동자 계급의 벗 몇몇에게는 상품교환이 제대로 실행되면 사회에서 완전한 평등과 정의가 지배할 수밖에 없다는 관념이 대두되었다. 언제나 동일한 양의 노동과 노동이 교환되면 부의 불균등이 일어날 수 있다는 것은 불가능하며 기껏해야 부지런한 사람과 게으른 사람 사이에 자연스러운 불균등이 일어나고 사회적 부 전체는 일하는 사람들, 말하자면 노동자 계급에게 속할 수 밖에 없을 것이라는 생각이었다. 그럼에도 불구하고 우리가 오늘날의 사회에서 사람들의 처지에 차이가 크다는 것을 보게 된다면, 부와 나란히 빈곤을 보게 된다면, 게다가 노동하지 않는 사람들에게서는 부

를 보고 자신의 노동으로 모든 가치를 창조하는 사람들에게서는 빈곤을 보게 된다면, 이는 분명 교환이 일어날 때의 부정직함에서 생기는 것이며 그것도 노동생산물의 교환에서 화폐가 매개자로 끼어드는 바로 그 상황 때문에 생기는 것이라는 생각이었다. 화폐는 모든 부의 진정한 유래가 노동이라는 점을 은폐하며 지속적 가격 변동을 야기하며, 따라서 전횡적 가격, 사기, 다른 사람을 희생으로 하여 이루는 부의 축적 따위를 가능하게 한다는 생각이었다. 따라서 화폐는 사라져야 한다!... 이러한 시도들과 이론 자체는 곧 얼마가지 않아 파산했다. 화폐 없는 상품교환은 실제로는 생각할 수 없는 것이며 더욱이 사람들이 폐지하려 했던 저 가격 변동이란 상품 생산자들이 어떤 상품을 더 적게 제작하는지 아니면 너무 많이 제작하는지, 그 상품의 제작에 노동을 필요로 하는 것보다 더 적게 사용하는지 아니면 더 많이 사용하는지, 제대로 된 상품을 만들어내는지 아닌지 따위를 알려주는 유일한 수단이다. 무정부 상태에서 고립된 상품 생산자들 사이의 유일한 소통 수단이 제거된다면 그들은 완전히 길을 잃으며 그렇게 되면 그들은 듣지 못할 뿐만 아니라 보지도 못하게 된다. 그렇게 되면 생산은 멈추고, 자본주의 바벨탑은 산산조각 난다. 따라서 단순히 화폐를 폐지함으로써 자본주의 상품경제를 사회주의로 만들려는 사회주의 계획이란 순전히 유토피아다(R. 룩셈부르크, 2015, 310-312).

프루동과 그레이가 범한 오류의 함의는 다음의 사실에서 보다 분명해진다. 모든 사적 노동이 사회적 필요노동으로 사전에 인정된다는 것은 사적 의사결정을 통해 공급된 모든 상품이 사회적 수요를 충족시키고 있다는 의미이다. 이는 케인스 경제학 용어로 총공급과 총수요가 일치한다는 이야기로 이어진다. 그러나 상품생산사회에서는 그와 반대로 상품생산자들의 독립적 고립적 상황과 이로 인한 **생산의 무정부성**(anarchy of production)으로 인해 전반적인 과잉생산(general glut)이 일반적이다.

동시에 프루동과 그레이의 오류는 대상에 대한 변증법적 접근이 갖는 중요성 역시 일깨워준다. 상품생산을 유지하면서 화폐를 폐지하자고 제안한 그들의 아이디어는 일종의 타협적 절충책이다. 그러나 변증법은 이러한 절충적 해결에 대해 부정적이다. 변증법에 따르면 A, B 양자의 일부를 적당히 절충하여 제3의 길을 추구하는 것은 문제의 올바른 해결책이 아니다. 오히려 그보다는 A를 가능한 끝까지 밀어붙여 B로 이행하는 것이 더 타당한 해법이다. 그런데 이렇게 이행이 이루어진 경우에도 B안에 A가 완전히 소멸된 것은 아니며, A의 합리적 요소들은 B의 구성요소로 여전히 남아있게 된다. 그러나 이제 B는 원래의 B가 아니라 보다 높은 단계의 C로 옮겨간다. C는 앞서의 절충과는 거리가 먼데, 왜냐하면 이 경우 모순이 극대화되어 다음 단계로의 이행이 일어났기 때문이다. 이것이야말로 진정한 변증법의 문제 해결책이다. 프루동이나 그레이는 자본주의의 폐해를 인식하였으면서도 문제를 해결하기 위해 자본주의의 충분한 발전과 새로운 사회로의 이행 대신 소상품생산사회의 유지와 화폐의 폐지를 대안으로 들고 나왔다. 그러나 이러한 절충은 전형적인 비변증법적 사유에 해당한다.

프루동과 그레이는 화폐의 독립적인 기능을 무시함으로써 오류를 범하였다. 이제 다시 "화폐란 무엇인가?"라는 질문으로 돌아가보자. 프루동과 그레이가 무시한 화폐의 기능에는 어떤 것들이 있는가? 다시 말해 화폐의 보유자는 화폐상품의 사용으로 어떠한 사용가치를 향유하는가? 다음 절들에서 우리는 이 문제를 다루고자 한다.

5.4 화폐의 가치척도기능

프랑스 대혁명 직후인 1790년 프랑스 파리과학아카데미는 오늘날까지 사용하고 있는 표준적인 거리척도체계를 고안하여 발표하였다. 이에 따르면 적도에서 북극점까지의 거리의 1000만분의 1이 1미터로 정의되었다. 이 체계는 오늘날 소수 앵글로색슨 국가를 제외한 거의 모든 국가에서 길이의 척도로 활용되고 있다. 우리는 이 척도체계 덕택에 혼란과 착오없이 거리에 관한 정보를 공유할 수 있게 되었다.

길이의 척도로 미터법을 활용하듯이, 우리는 가치의 척도로 화폐제도를 사용한다. 파리과학아카데미가 자오선의 특정 비율을 모든 거리를 측정하는 기준단위로 정하였듯이, 우리는 금의 일정 단위를 모든 상품의 가치를 측정하는 척도로 정하였다. 미터법에 따라 서울과 대구 사이의 거리가 290km가 되듯이, 탁자 하나의 가치는 금 2온스가 된다. 우리는 금의 단위가치를 앵커로 삼아 다른 상품들의 교환가치를 표기할 수 있게 되었다. 이를 화폐의 가치척도기능(the measure of values)이라고 한다.

어느 상품의 가치가 금의 일정 분량으로 표시될 수 있을 때, 그 분량을 p'이라고 하자. p'은 금으로 표현한 상품의 가치이다. 이 때 우리는 p' 변동을 설명하는 요소로, 금으로 그 가치가 표현되는 상품의 생산조건과, 금 상품 그 자체의 생산조건을 꼽아볼 수 있다.

(1)만일 탁자 생산과정에서 생산성을 두 배 증대시킬 수 있는 새로운 기술적 혁신이 발생하였다고 하자. 예전에는 사람들이 무동력 톱으로 나무를 잘랐지만, 이제 전기 톱이 도입되어 보다 수월하게 나무를 자를 수 있게 되었다. 전기 톱의 사용으로 탁자 하나를 생산하는데 필요한 노동량이 절반으로 감축될 경우, 다른 모든 조건이 일정할 때 탁자의 가치는 1/2로 감소한다. 앞서 노동가치론 〔명제 2〕에서 살펴보

았듯이 생산성 증가는 상품의 단위가치를 저하시킨다. 금의 가치가 불변이라면 이제 금으로 표현한 탁자의 가치 역시 $1/2p'$로 하락할 것이다.

(2)그런데 탁자의 생산조건은 예전과 동일한 가운데 대신 금의 생산조건이 악화되었다고 하자. 그간 금 채굴이 과도하게 이루어져 더 깊은 갱도에서 채굴작업이 이루어지게 되었고, 그 결과 동일한 단위의 금 채굴에 필요한 노동량이 두 배로 증대되었다. 이러한 결과는 금 채굴에 필요한 기술이 퇴보한 것으로 해석할 수 있다. 이러한 채굴기술 후퇴는 생산성 하락으로 이어진다. 이는 익숙한 해석인데 우리는 앞서 3.1절 사례 C에서 자연조건의 악화는 생산조건의 후퇴와 동일한 결과를 가져온다는 사실을 확인한 바 있다. 금은 보편적 등가물이므로 금을 통해서 탁자의 가치가 표현되는데, 이제 동일한 가치의 탁자를 표현하기 위해 예전에 비해 절반의 화폐만이 요구된다. 따라서 탁자 가치가 불변이라면 금으로 표현한 탁자의 가치 역시 $1/2p'$로 하락할 것이다. 파리과학아카데미가 1000만분의 1이 아니라 500만분의 1을 1미터의 길이 척도로 사용한다면 이제 서울에서 대구 사이의 거리는 더 이상 290km가 아니라 145km가 되듯이, 금 채굴기술이 후퇴한다면 탁자 하나의 금 표현가격은 절반으로 떨어진다.

앞서 (1)과 (2)의 경우 현상적으로 동일하게 p′이 하락하지만 그 원인은 상이하다. (1)의 경우 탁자 생산기술의 변화로 인해 생산성이 증대하였다면, (2)의 경우 금 채굴조건의 변화로 생산성이 하락하였다. 그런데 동일하게 탁자가격 p′이 하락하였지만, 우리는 오직 (2)의 경우만을 **디플레이션**(deflation)이라고 부른다. 탁자생산의 기술진보는 실물적 현상이지만, 금 채굴상의 기술후퇴는 화폐적 현상이기 때문이다. 우리는 오직 화폐적 현상에 대해서만 인플레이션이나 디플레이션 명칭을 부여한다.[38]

그런데 만일 국가가 금 1온스가 35달러의 가치를 가진다고 공표하였다고 하자. 따라서 이제 법정 지폐 1달러는 금 1/35온스의 가치를 가지는 것으로 인정된다. 이러한 조응규칙(1달러=금1/35온스)은 국가의 법률에 의해 결정된다. 무게와 길이, 즉 도량형 단위체계를 국가가 정하듯이, 가치체계 역시 국가에 의해 결정된다. 국가에 의해 규제되는 이 규칙을 화폐의 도량단위(unit of measurement)라고 부른다. 이

---

38 오늘날 경우처럼 금을 대신하여 법정불환지폐가 화폐로 사용될 경우, 화폐 공급은 '화폐 찍어내기(printing money)'의 문제가 되기 때문에 화폐의 추가생산비용은 거의 제로에 가깝게 된다. 이러한 사정으로 오늘날 인플레이션 리스크는 더욱 증대한다. 이 문제는 금본위제와 불환지폐제도 아래에서 화폐수량설의 타당성 문제와 관련된다. 이후 5.9절에서 우리는 이 문제를 재론할 것이다.

로써 우리는 탁자나 다른 모든 상품의 가치를 금의 특정 분량이 아니라 법정지폐의 단위로 표현할 수 있게 되었다. 이 단계의 가치 표현을 우리는 **가격 형태**(price form)이라고 부른다.

가격형태의 한 가지 사례를 들기 위해 만일 금 1온스가 10시간의 노동시간을 체현하고 있다고 가정해보자. 다시 말해 금 1온스 채굴을 위해서는 현재 채굴기술 아래에서 평균적으로 10시간이 소요된다. 한편 목수가 탁자 하나를 제작하는데 평균적으로 20시간이 필요하다고 가정해보자. 우리는 이제 금 1온스로 탁자 1/2단위를 구입할 수 있게 된다. 이 때 도량단위에 관한 국가 법률에 의해 1달러가 금 1/35 온스의 가치를 갖게 되었다고 한다. 따라서 탁자 1개의 가격은 70달러가 된다(2온스×35달러=70달러).

가격형태는 가치표현의 최종 단계이다. 가치는 교환가치로 발현되고, 교환가치는 보편적 등가물로 발전하며, 보편적 등가물은 금으로 귀결된다. 금의 일정량을 법정 화폐 단위로 지정함으로써, 이제 가치는 가격형태를 갖게 되고 가치표현의 여정은 종결된다.

5.5 화폐의 교환수단기능

노동은 가장 본원적인 생산요소로서 생산과정에서 가치를 생산한다. 우리는 가치 그 자체의 실체가 추상적 인간노동이었음을 확인한 바 있다. 사회적 재생산 과정은 이 **생산과정**(production process)으로부터 시작된다. 그리고 생산과정에 뒤이어 **교환과정**(exchange process)이 진행된다. 생산과정에서 가치가 창출되었다면, 교환과정에서는 가치가 이전된다. 국가와 같은 공적 강제력이나 독점과 같은 비경쟁적 세력이 개입하지 않는 한, 이전의 기본원리는 등가원리이다. 요컨대 이전된 가치는 언제나 이전 이전의 가치량과 크기가 동일하다. 마치 자연적 물질대사 과정에서 에너지가 보존되듯이, 교환과정에서도 가치가 보존된다. 교환과정을 **유통과정**(circulation process)이라고 부르기도 한다. 재생산의 마지막 단계는 **소비과정**(consumption)으로 이 단계에서 소비자에 의해 상품의 사용가치가 향유되면서 동시에 상품의 가치는 소멸한다. 이로서 사회적 물질대사 혹은 경제적 재생산은 일단락된다. 우리는 이 절에서 화폐가 도입된 교환과정, 즉 유통과정을 분석한다.

교환을 이해하는 몇 가지 방식이 존재한다. 먼저 교환을 단순한 물물교환, 즉 바터(barter)로 이해하는 방식이다(C -

C′). 여기에서 C는 내가 제공하려는 상품을, C′은 내가 수취하려는 상품을 의미한다. 교환을 이러한 형태로 이해하는 것은 화폐 없이 교환을 설명하려는 시도로 오늘날 주류 경제학에서 기본적으로 채택하는 방식이다. 신고전학파 미시경제학의 최종모형인 일반균형이론(general equilibrium theory)에서 화폐는 모형의 필수적인 구성요소가 아니다. 화폐가 없이도 경제가 작동할 수 있다고 보는 것이 주류 경제학의 기본적 입장이다. 고전학파 거시경제학에서도 이러한 시각은 고스란히 남아 있는데, 이에 따르면 화폐는 실물 현상에 아무런 영향을 미치지 못하는 중립적 요소이다(화폐 중립성). 그것은 베일 뒤 가려진 실체가 아니라, 베일 그 자체에 불과하다(화폐 베일관).

그러나 마르크스는 자본주의 사회를 구성하는 가장 기본적인 경제단위가 상품이라고 생각하였으며, 상품교환의 불가피한 귀결이 화폐라고 보았다. 화폐가 없다면 상품생산사회는 불완전하며, 상품생산사회에 기반을 둔 자본주의 생산양식도 성립할 수 없다. 따라서 상품교환에서 화폐(M)는 필수적이며, 이를 **상품회로**(commodity circuit) C - M - C′으로 표현하였다. 회로의 첫 단계인 C - M은 상품의 판매과정이며, 두 번째 단계인 M - C′은 상품의 구매과정이다.

(1)확실히 구매과정에 비해 판매과정은 더 어려운 과정인

데 왜냐하면 특수한 등가물인 상품 C를 보편적 등가물 M으로 전환하려고 하기 때문이다. 마르크스는 세익스피어를 인용하여 이 과정을 사랑을 얻는 과정으로 묘사하였다. "진정한 사랑의 길은 결코 평탄하지 않다(『한 여름 밤의 꿈』)." 우리는 사랑을 통해서만 비로소 자기라는 우물에서 벗어나 타인과의 관계라는 더 일반적인 단계로 나아갈 수 있다. 그러나 이는 결코 쉬운 일이 아닌데 왜냐하면 나의 개성과 특수성이 타인의 공감과 인정을 받아 보편성을 획득하여야 하기 때문이다. 그것이 판매의 문제이든 사랑의 문제이든 개별성을 벗어나 보다 보편적인 단계로 나가는 것은 항상 어려운 일이다. 실존주의 철학자였던 S. 키에르케고르에 따르면 사랑은 '**목숨을 건 도약**(Salto Mortale)'인데, 상품이 화폐와 교환되는 경우에도 그러한 도약이 요구된다.

(2)이 도약(판매)의 뒤를 이어 구매가 발생한다. 상품 생산자들의 최종 목적은 사용가치의 획득인데 이 목표는 구매를 거쳐 달성된다.

이제 판매와 구매는 화폐에 의해 매개되는데 이러한 화폐의 기능을 마르크스는 **유통수단기능**(the means of circulation)이라고 불렀다. 이는 가치척도기능에 뒤이어 화폐 상품의 새로운 사용가치에 해당한다.

마르크스는 더 나아가 실제 상품교환의 과정은 이러한 상

[그림5] 상품유통(commodity circulation)

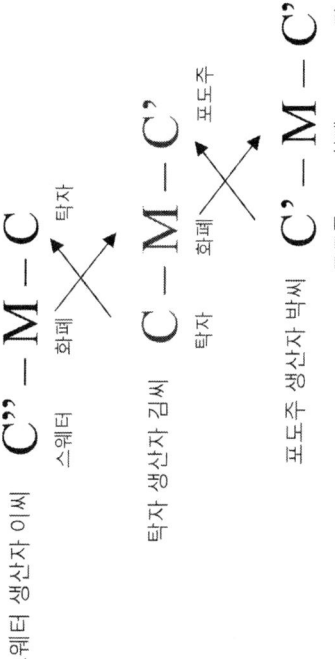

5. 화폐: 가치의 최종형태　183

품회로들이 복잡하게 얽힌 상태라고 생각하였다.

예를 들어 탁자 생산자 김씨는 자신이 제작한 탁자(C)를 판매하여 화폐(M)를 얻고, 이 화폐를 사용하여 그가 필요로 하는 상품 포도주(C′)를 구입할 수 있다. 그런데 김씨에게 탁자(C)를 구입한 사람은 스웨터 생산자 이씨로 그는 탁자 구입에 필요한 화폐를 구하기 위해 자신이 생산한 상품 스웨터(C″)를 정씨에게 판매하였다.[39] 한편 김씨가 구입한 상품 포도주(C′)는 포도주 생산자 박씨가 만든 것으로, 박씨는 김씨에게 포도주를 판매한 대금으로 그가 필요로 하는 상품 빵(C‴)을 구입하였다. 이처럼 현실세계에서는 다양한 상품들이 화폐를 매개로 하여 매우 복잡하게 얽혀 있는데, 이러한 상품회로들의 얽힘을 마르크스는 **상품유통**(commodity circulation)이라고 명명하였다.

상품의 교환을 바터가 아니라 유통으로 이해하는 것은 매우 중요하다. 왜냐하면 교환을 어떻게 이해하는가에 따라 상이한 분석 과정이 진행되고 상이한 결과가 초래되기 때문이다. 화폐의 유통수단기능을 다루면서 마르크스는 부르주아 경제학의 가장 기본적인 이론 두 가지를 철저하게 비판하였다. 이러한 비판이 가능했던 것은 마르크스가 바터가 아니라 상품 유통을 분석의 토대로 삼았기 때문이다. 다음

---

39 〔그림5〕에서 정씨의 상품회로는 생략되었다.

절에서 세이의 법칙과 화폐수량설에 대한 마르크스의 비판을 살펴보기로 하자.

5.6 부르주아 화폐 관련 이론 비판

18-19세기의 프랑스 경제학자 J. B. 세이는 소득과 지출에 관한 매우 직관적이고 쉽게 반박하기 어려운 아이디어 하나를 제시하였다([그림6] 참고). 기업이 상품을 생산하기 위해서는 먼저 생산요소를 구입해야 한다(a). 생산요소를 고용하고 이들을 투입하여 상품이 만들어진다(b). 이 상품이 시장에 판매되어 기업매출이 발생한다(c). 한편 이러한 생산의 흐름과 병렬적으로 또 다른 흐름인 소득의 흐름이 발생한다. 생산요소 공급자들이 기업에 생산요소를 공급한다(a'). 이들은 요소공급의 대가로 소득을 얻는다(b'). 또한 이들은 이 소득을 시장에서 다른 상품 구매에 지출한다(c'). 만일 이 두 흐름을 개별 단위 주체로 한정하는 대신, 전체 경제로 확장해본다면 $\Sigma c = \Sigma c'$의 결과를 얻게 된다. 모든 소비자들의 구매는 곧 모든 기업들의 판매와 일치한다. 다시 말해 모든 소득이 지출로 이어진다면($\Sigma b' = \Sigma c'$), 총판매와 총구매는 같은 값이 될 것이다($\Sigma c = \Sigma c'$).

만일 세이의 논증이 타당하다면 생산자는 곧 소비자여야

[그림6] 세이의 법칙(The Say's Law)

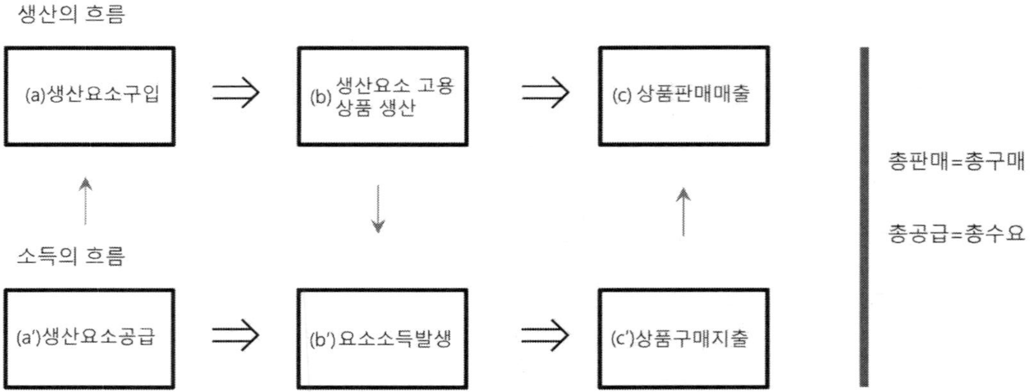

```
생산의 흐름  (a)생산요소구입  ⇒  (b)생산요소 고용
                                상품 생산      ⇒  (c)상품판매매출

                                                                    총판매=총구매
                                                                    총공급=총수요

소득의 흐름  (a')생산요소공급  ⇒  (b')요소소득발생  ⇒  (c')상품구매지출
```

하며, 판매와 구매는 동일하여야 하고, 소득과 지출은 일치되어야 한다. 따라서 결과적으로 경제 전체 차원에서 총공급은 총수요와 일치하여야 한다. 다시 말해 생산된 모든 상품들은 자동적으로 수요를 얻게 되며, 이는 생산의 시작과 더불어 상품의 사회적 유용성이 보증됨을 의미한다. 앞서 살펴본 프루동이나 그레이의 노동증서는 새로운 별도의 제도를 도입하여 개별 사적 노동의 사회적 유용성을 사전에 인정해주자는 아이디어인데 반해, 세이의 법칙은 시장교환 그 자체에 이미 사적 노동의 사회적 인정을 보장하는 메커니즘이 내재해 있다고 주장한다. 이제 상품의 공급은 스스로 수요를 창출하는데, 왜냐하면 생산된 가치는 소득 크기와 일치하고, 이 소득이 모두 지출되며, 지출을 통해 모든 상품들이 수요되기 때문이다. 세이의 이러한 논거와 결론을 **세이의 법칙**(Say's Law)이라고 부른다.

세이의 법칙의 중요한 함의는 자본주의 상품경제에서는 상품 총공급이 총수요를 초과하는 **과잉생산공황**(general glut)이 발생할 수 없다는 점이다. 총공급은 언제나 동일한 총수요를 가져오고, 따라서 과잉공급은 불가능하기 때문이다. 물론 세이의 법칙 아래에서도 부분적 과잉생산공황(partial glut)은 발생할 수 있다. 어느 개별 산업에서든 공급이 수요를 초과하는 일이 있을 수 있기 때문이다. 그러나 이러한 불균형은 시간이 경과하면 곧 소멸된다. 왜냐하면 이 개별 산업의 초과공급은 상품가격을 인하시키고, 따라서 생산요소들이 다른 산업으로 유출되는(exit) 일이 벌어지기 때문이다. 그 결과 이 산업의 공급곡선은 왼편으로 이동하고 과잉생산은 사라진다. 따라서 일시적으로 부분적인 과잉생산은 발생할 수 있지만, 전반적인 과잉생산은 불가능하다.

이는 마치 앞서 검토한 가치법칙의 작동을 다시 묘사하는 것처럼 보이지만 여기에는 한가지 심각한 오류가 내포되어 있다. 세이의 논증의 함정은 그가 상품 교환을 언제나 바터 형태로만 이해한다는 점에 있다. 상품교환의 바터 형태의 경우 판매와 구매가 동시에 일어나기 때문에 동일한 거래는 어느 편에서는 판매에 해당하며, 다른 반대편에서는 구매에 해당한다. 따라서 이 형태에서는 언제나 판매와 구매가 항등적으로 일치한다. 물론 이 사실 그 자체는 타당하지만 그럼에도 그것은 새로운 통찰을 제공하지 못한다. 그것은 무의미한 진리(useless truth)에 불과하며 현실을 이해하는데 도움을 주지 못한다. 오히려 그것은 현실에 실재하는 전반적 과잉생산의 가능성을 부정하여 현실을 오도하게 만든다.

만일 우리가 상품교환을 바터 형태가 아니라 상품유통의 관점에서 이해한다면 세이의 법칙은 수용 불가능하다. 다양하고 복잡한 상품회로가 서로 얽히고 설킨 상태에서 어느 개별 생산자가 판매를 거친 이후 구매를 하지 않을 경우, 그렇지 않았더라면 발생하였을 여러 상품교환의 기회는 실현되지 못하게 된다. 따라서 생산자들이 생산해낸 상품의 일부는 판매되지 못한 채 재고로 남게 되고 과잉생산위기가 발발한다. 따라서 세이의 법칙과 달리 화폐가 도입된 발달한 상품경제에서 과잉생산공황은 현실화된다. 세이의 법칙은 상품교환을 이해하는 방식이 왜 중요한가에 관한 교훈적 사례이다.

우리는 앞서 화폐가 상품생산사회의 근본적 모순들, 즉 사용가치와 가치, 개별 노동과 총노동, 사적 노동과 사회적 노동, 구체적 노동과 추상적 노동 사이의 모순들을 해결해주는 하나의 해결책이라고 이야기하였다. 금 화폐는 그 자체가 가치가 물질화된 것이므로, 이것과의 교환을 통해 다른 상품들은 자신의 가치를 승인받을 수 있었다. 이 경우 화폐는 문제의 해결책이었고, 이 해결책은 문제 그 자체의 발전과 더불어 발생하였다. 그러나 이제 여기서는 문제의 해결책이었던 화폐가 오히려 또 다른 문제의 근원이 됨을 알 수 있다. 보편적 등가물인 금 화폐가 상품 유통에 참가하지 않고[40] 교환의 매개수단 기능을 수행하지 않을 때 교환은 단

---

[40] 화폐가 상품유통으로부터 이탈하는 구체적 이유와 매카니즘에 대해서는 다음 5.7절에서 논의된다.

절되고 상품유통은 교란된다. 이 때 일시적으로 해결되었던 상품생산사회의 모든 모순들이 한꺼번에 폭발적으로 표출되는데 이것이 다름아닌 과잉생산공황이다. 동일한 대상이 이전 단계에서는 문제의 해결책이었지만 다음 단계에서는 다시 문제 그 자체가 된다. 모순은 해결된 것이 아니라 억눌려 있었고, 과잉생산공황의 시기 상품생산사회는 무거운 짐이 치워진 용수철처럼 모든 모순들을 일거에 표출한다.

> 서로 자립적이고 대립적인 과정들이(판매와 구매 과정들이: 인용자) 하나의 내적 통일을 이루고 있다는 사실은, 또한 바로 그 과정들의 내적 통일이 외적 대립을 통해 운동하고 있다는 사실을 의미한다. 이 두 과정은 서로 보완하는 것이기 때문에 내적으로는 자립하고 있지 않다. 따라서 이 두 과정의 외적 자립화가 일정한 점까지 진행되면 그 내적 통일은 공황이라는 형태를 통해 폭력적으로 관철된다. 상품에 내재하는 대립과 모순들―사용가치와 가치의 대립, 사적 노동이 동시에 직접적으로 사회적인 노동으로 표현되어야 한다는 모순, 특수한 구체적 노동이 동시에 추상적 일반적 노동으로서만 통용된다는 모순, 물상의 인격화와 인격의 물상화 사이의 대립―은 상품 탈바꿈의 대립적인 국면들에서 자기를 드러내고 자기의 운동 형태를 전개한다(『자본 1(상)』, 148).

과잉생산공황을 상품생산사회의 '모순'으로 이해하는 변

중법적 접근은 한가지 중요한 통찰을 제공한다. 모순과 화폐 사이의 변증법적 과정에 기반해 볼 때, 공황은 단순한 불균형이나 차이의 문제가 아니다. 공황의 배후에는 수요와 공급의 불일치나 소득과 지출의 괴리 문제를 넘어선 상품생산사회의 근본적 모순이 존재한다. 그것이 단순한 불균형의 문제라면 시간의 경과에 따라 다시 균형이 회복될 수도 있다. 그러나 만일 문제의 기원이 시스템의 심층에 존재하는 근본적 모순이라면 이는 또 다른 문제이다. 모순에 기반한 변증법적 사고만이 이러한 근본적 문제 인식에 도달하게 한다.

세이의 법칙에 이어 마르크스가 비판한 부르주아 이론은 **화폐수량설**(Quantity Theory of Money)이다. 이 이론의 기원은 18세기 철학자였던 D. 흄으로 올라가는데, 고전학파 정치경제학은 앞서 세이의 법칙과 더불어 이 이론을 자신의 이론체계의 중핵으로 간주하였다.

화폐수량설을 이해하기 위해 화폐유통속도의 정의로부터 출발할 필요가 있다. 어느 주어진 기간 동안 화폐 한 단위가 상품거래에 참가하는 회수를 다음과 같이 정의하고, 이를 화폐유통속도(V)라고 부른다.

$$V \equiv \frac{P \cdot X}{M}$$

여기서 P은 상품의 평균적 가격수준(물가)을, X는 상품 거래량을, M은 유통되는 화폐량을 의미한다. 이 식은 정의식이자 항등식이고, 따라서 논란의 여지가 없다. 그러나 문제는 이 식을 해석하는 방식에 있다. 첫 번째 해석방식이 흄이 제안한 화폐수량설적 접근이다.

$$P = \frac{M \cdot V}{X}$$

이에 따르면 통화량 M이 증대하면 이에 정비례하여 물가 P는 자동적으로 증대한다. 흔히 민간에 돈이 많이 풀리면 인플레이션이 발생한다는 이야기가 바로 이러한 입장에 기인한다.

그러나 마르크스는 동일한 화폐유통속도의 정의식으로부터 다음과 같은 상이한 해석을 이끌어냈다.

$$M = \frac{P \cdot X}{V}$$

마르크스가 제안한 이 식은 앞서 흄의 화폐수량설과 수학형식적으로는 전혀 차이가 없지만, 인과의 순서와 의미의 해석과 관련해 결정적인 차이가 존재한다. 흄의 경우 통화량 M이 독립변수이고, 물가수준 P는 종속변수였다. 반면 마르크스의 경우 순서가 역전되어 상품의 가격 P가 독립변수가 되고, 통화량 M이 종속변수가 된다. 노동가치론을 일관되게 지지하는 마르크스의 관점에 따르면 노동이 가치를 결정하고, 이렇게 결정된 가치 혹은 가격 P가 상품유통에 필요한 통화량 M을 규정한다. 화폐수량설은 노골적으로 화폐의 양이 상품 가치 및 가격에 영향을 미칠 수 있다고 주장하지만, 노동가치론의 관점에서 보자면 이는 오류이다. 왜냐하면 상품의 가치는 오직 상품생산에 지출된 노동량과 그것을 결정하는 생산성에 의해서만 영향을 받기 때문이다. 변증법의 철학자 G. W. H 헤겔의 말처럼 수학은 현실을 담기에는 부족한 그릇이다.[41]

상품유통과 상품유통에 필요한 화폐량 사이의 관계를 보다 자세히 살펴보기로 하자. 우선 달러 표시 상품 가격 P는 다음과 같이 분해된다는 점에서 출발하자.[42]

$$P = P' \times P_G$$

여기서 P'은 금으로 표시된 상품 가격이고, P_G는 금 한 단

---

41 G. W. H. 헤겔은 자신의 저작 『정신현상학』의 서문에서 이러한 견해를 밝힌 바 있다.
42 이 절에서 사용된 분해식은 A. Shaikh, 2018, 196에서 가져왔다.

위가 달러와 교환되는 비율(금의 화폐가격)이다. P'은 앞서 우리가 살펴본 대로 두 개의 생산조건에 의해서만 영향을 받는다. 첫째가 상품의 생산조건이고, 둘째가 금의 생산조건이다. P_G는 역시 앞서 우리가 살펴본 도량단위의 정의로서 국가의 법률과 사회의 관습에 의해 영향을 받는다. 만일 금으로 표현한 샌드위치 하나의 가격이 1/5온스이고, 금 1온스가 20달러로 고정되어 있다면(혹은 1달러가 1/20온스의 가치를 갖는다면), 달러로 표시한 샌드위치의 가격은 4달러가 된다(1/5×20/1). 따라서 상품유통에 필요한 화폐량 M을 다시 다음과 같이 분해해 볼 수 있다.

$$M = \frac{P \times X}{V} = \frac{P' \times P_G \times X}{V}$$

이 결과를 다음과 같이 정리해 새로운 정의 M_G를 구성해 볼 수 있다.

$$\frac{M}{P_G} = \frac{P' \times X}{V} = M_G$$

여기서 M_G는 상품거래에서 필요한 금의 양을 말한다. 만일 금 생산조건이 변화하든, 아니면 샌드위치 생산조건이 변화하든, 어느 쪽에서든 기술진보가 발생한다면 P′은 변동할 것이고, 따라서 상품유통에 필요한 화폐량 M이나 (도량단위가 불변일 경우) 상품유통에 필요한 금량 M_G가 영향을 받을 것이다. 어느 경우이든 생산조건의 변화가 가치 변동을 일으켜 유통과정의 통화량 변화를 가져오지, 화폐수량설이 주장하는 것처럼 유통수단(통화량)의 수량 변화가 상품가치에 영향을 끼치는 것은 아니다. 상품가치는 오직 생산조건의 변동에 의해서만 영향을 받는다. 이는 노동가치론의 핵심적 주장으로 이미 앞서 〔명제 2〕에서 확인된 바 있다.

동일한 역사적 사실을 두고도 전혀 상이한 해석이 내려지는 경우가 종종 있는데 18세기 가격혁명(Revolución de los precios)의 사례 역시 이에 해당한다. 지리상의 발견 이후 신대륙으로부터 유럽으로 막대한 양의 귀금속이 유입되는데, 이로 인해 15세기 후반부터 17세기 전반에 이르기까지 유럽의 물가가 지속적으로 상승하였다. 이러한 역사적 인플레이션 현상을 둘러싸고 화폐수량설과 노동가치론은 상이한 설명을 제시한다. 화폐수량설에 따르면 신대륙으로부터 유입된 금과 은은 유럽의 통화량(M)을 증대시켰고 이는 자연스럽게 물가(P)를 상승시키는 결과를 낳았다. 그러나 노동가치론에 따르면 신대륙 금광은 대부분 채굴이 용이한 노천광이고 따라서 이러한 새로운 생산조건은 일종의 기술적 진보로

5. 화폐: 가치의 최종형태

[그림7] 화폐수량설과 노동가치론: 인플레이션에 대한 대안적 해석

[화폐수량설]

귀금속 유입 ⟶ 통화량 M 증대 ⟶ 물가 P 상승

[노동가치론]

금생산조건 변화 ⟶ 금표시가격 P' 상승 ⟶ 달러표시가격 P 상승 ⟶ 유통 필요 화폐량 M 증대

이해할 수 있다. 금 채굴에 있어 이러한 생산조건 개선(생산성 증대)은 금으로 표현한 상품가격 P'을 증대시킨다. 예전과 동일한 상품의 가치량을 대변하기 위해 더 많은 금이 사용되기 때문이다. 이러한 화폐가치 하락이 인플레이션으로 이어졌고, 따라서 상품유통에 필요한 화폐량을 증대시켰다.

가격혁명의 원인과 귀결에 대한 두 입장의 차이를 요약하면 [그림7]과 같다.

5.7 화폐의 가치축장기능

화폐수량설 비판을 통해 마르크스는 상품유통이 화폐유통을 규정한다고 보았다. 즉 상품유통에 필요한 가치총액(PX)이 결정되고 난 이후, 화폐유통속도(V)가 일정하다면, 상품유통에 필요한 화폐량(M)이 결정된다. 상품유통에 필요한 화폐량은 주어진 기간 동안에 정의되는 값이므로 경제학에서 말하는 플로우(flow) 변수에 해당한다.

또한 세이의 법칙 비판을 통해 마르크스는 판매가 구매로 이어지지 않아 상품유통의 단절이 발생할 수 있다고 보았다. 이러한 단절은 상품판매대금이 다시 상품구매에 사용되는 대신 유통으로부터 빠져 나와 **축장**(hoarding)되기 때문에 발생한다. 상품은 끊임없이 유통으로부터 벗어나 소비과정으로 이동하지만 화폐는 계속해서 상품유통과정에 남아 상품교환의 유통수단으로 기능한다. 그러나 축장이 일어날 경우 화폐는 상품유통에서 누출되어 유통과정 외부에 쌓이게 된다. 이 때 쌓이는 화폐량(H)은 특정 시점에서 정의되는 값인 스톡(stock) 변수이다. 다시 말해 축장이란 플로우 화폐의 일부가 상품유통에서 벗어나 '흐르지 않고' 스톡 상태로 전환되는 것을 말한다. 결국 축장은 상품화폐시스템에서 순환에 참가하지 않는 화폐상품의 스톡량이다.

상품유통에 필요한 화폐량(M)과 유통외부에 축장된 화폐량(H) 사이에는 중요한 연관이 존재한다. (1)만일 자연재해로 인해 유통상품의 수량(X)이 감소하고, 이에 따라 실제 유통되고 있는 화폐량(M) 플로우가 상품유통에 필요한 화폐량(PX/V) 플로우를 초과하였다고 가정해보자. 이는 마치 하천이 범람하여 강물이 하천 밖으로 흘러나가는 경우와 유사하다. 화폐과잉으로 인해 여분의 화폐는 상품유통으로부터 누출되고 유통외부에 축장될 것이다(M 〉 PX/V → H↑). 누출된 화폐는 더 이상 플로우가 아니라 스톡 상태로 전환된다.

(2)그 반대의 경우에도 동일한 메커니즘이 작동한다. 만일 상품경제가 성장하여 유통상품의 수량(X)이 증대하고, 이에 따라 실제 유통되고 있는 화폐량(M) 플로우가 상품유통에 필요한 화폐량(PX/V) 플로우에 못미친다고 가정해보자. 이

경우 화폐부족 상황은 기존의 축장 화폐를 다시 상품유통으로 주입시키는 것을 재촉할 것이다(M 〈 PX/V → H↓). 주입된 화폐는 더 이상 스톡이 아니라 플로우 상태로 전환된다.

이처럼 상품경제에는 상품유통에 필요한 화폐량을 조절하는 내재적 메커니즘이 존재하는데 그것이 다름아닌 **축장 메커니즘**(hoarding mechanism)이다. 상품경제는 갑작스러운 변동에 대처하기 위해 시스템 작동에 필수적 자원을 예비로 준비하고 있어야 하며, 화폐는 그 대표적 사례이다. 상품경제가 발달한 형태인 자본주의 경제의 경우에도 이와 유사한 사례가 존재한다. 갑작스러운 축적 확대로 인해 노동수요가 폭증하고, 이에 따라 노동공급에 상대적 병목이 발생한다면 축적의 중대한 장애가 발생한다. 자본주의는 이러한 자본축적 가속화의 시기를 대비하여 자본의 축적에 대응해 노동인구 또한 축적한다. 마르크스는 이를 **상대적 과잉인구**(relative surplus population)라고 불렀다. 화폐의 축장이 내생적 조절 과정이었듯이, 상대적 과잉인구의 축적도 그러하다. 과잉인구는 자본축적으로 인해 기계화가 심화됨으로써 발생하는 기술적 실업이기 때문이다.

금 화폐와 노동력은 상품이지만, 다른 여느 상품과는 달리 공급의 병목이 발생하기 쉽고 따라서 공급 탄력성이 제한적이다. 전자는 자연적 조건에, 후자는 생물학적 조건에 크게 의존한다. 그것이 금 화폐이든 노동력이든 산업을 통한 공급이 제한적인 경우, 미리 비축하여 준비하는 것이 자본주의 생산양식의 기본 작동원리(modus vivendi)이다. 이 예외적으로 특수한 상품들의 경우 항상 여분이 미리 준비되어 있어야 하며, 이는 시스템의 버퍼 역할을 수행한다. 이러한 사실은 상품화의 논리가 완전할 수 없다는 점을 일깨워준다. 한편 현대자본주의의 경우에도 상대적 과잉인구는 여분 자원의 역할을 여전히 수행하지만, 화폐 축장은 그렇지 않다. 오늘날의 경우 축장을 대신하여 **신용**(credit)이 상품유통과 자본축적에 필요한 화폐를 공급한다.[43]

부르주아 화폐이론인 화폐수량설은 화폐 축장의 메커니즘을 인정하지 않는다. 화폐수량설은 모든 화폐가 언제나 예외 없이 유통된다고 보는데, 노동가치론의 관점에서 이는 오류이다. 이러한 오류는 다음 두 가지 믿음에 근거한다. (1) 화폐상품은 다른 여느 상품과 다를 바 없으며, 따라서 화폐 역시 그 가치가 실현되어야 하고, 결국 실현을 부정하는 축장은 발생할 수 없다. (2)화폐는 상품이지만 그럼에도 하나의 상징(symbol)에 불과하며, 극단적인 경우 아무런 가치도 갖지 않으므로 결코 축장될 수 없다. 그러나 이러한 사고는

---

43 신용에 대해서는 다음 5.8절에서 본격적으로 살펴보기로 한다.

상품생산사회의 현실과는 아무런 관련이 없다. 앞서 우리가 살펴본 대로 화폐는 다른 상품과 달리 실현의 요구가 면제되는데, 왜냐하면 이미 처음부터 추상적 인간노동일반을 대변하고 있기 때문이다. 또한 화폐는 분명 상징의 차원을 가지지만, 동시에 실체(body)의 차원 역시 요구되므로 불가피하게 내재적 가치를 가져야 하며 따라서 축장수단으로 사용될 수 있다.

화폐수량설에 따르면 어떤 화폐도 축장되는 일이 없으므로 언제나 플로우로만 유통되고, 이 유통화폐량(M)이 증대할 경우 이에 대응해 물가(P)가 상승한다. 축장이 없으므로 판매와 구매가 분절되는 일도 발생하지 않으며, 따라서 과잉생산공황 또한 일어날 수 없다. 이로써 화폐수량설은 세이의 법칙과 이론적으로 연결된다. 고전학파 정치경제학의 경우 상품교환을 상품유통이 아니라 바터로만 이해하던가(세이의 법칙), 아니면 화폐를 도입한다 해도 축장 기능을 인정하지 않고 오직 유통수단기능만을 인정한다(화폐수량설). 그런데 결국 세이의 법칙과 화폐수량설은 동일한 결과로 귀결된다.

한편 상품유통에 필요한 화폐량 조절에 축장 메커니즘이 활용되지만, 이 부분은 전체 축장량에 비해 일부분에 불과하다. 상품유통 외부에는 유통 준비금으로서 존재하는 화폐량을 초과해서 더 많은 화폐 스톡이 축장되어 있다. 이러한 상황은 화폐 축장 동기의 문제를 제기한다. 왜 사람들은 화폐를 보유하려고 할까? 화폐는 상품을 대표하며, 상품은 가치를 가지고, 가치는 그 실체가 노동이었다. 따라서 사람들은 화폐를 보유함으로써 타인의 노동을 간접적으로 지배하고 통제할 수 있다. 사람들은 화폐를 보유함으로써 타인을 통제한다. 그러나 이 경우 통제는 어디까지나 물리적 강제가 아닌 경제적 강제에 기반한다. 이 점은 "교환이 인간의 본성을 부드럽게 만든다(Doux commerce)"는 주장을 다시 연상시킨다. 상품생산사회 이전의 경우, 인간의 지배 욕구는 인격적 예속의 형태로 직접 표출된다. 반면 상품생산사회의 경우, 이러한 지배욕은 화폐를 매개로 하여 실현된다. 더 많은 화폐를 축장(hoarding)함으로써 잠재적으로 더 많은 인간노동을 지배(command)할 수 있다.[44]

이러한 지배의 욕구 이외에도 자본주의의 경우 축적의 욕

---

[44] J. K. 케인스는 이를 흥미롭게 표현한 바 있다; "돈벌이와 사적인 부 소유의 기회가 존재하는 것이 인간의 위험한 성향을 비교적 무해한 방면으로 유도할 수도 있다. 인간의 위험한 성향이 이런 식으로 충족되지 못한다면 잔혹한 행위, 개인적인 힘과 권위에 대한 무모한 추구, 그리고 그 밖의 다른 여러 가지 형태의 자기과시에서 배출구를 찾게 될 수 있다. 인간 개개인이 동료 시민을 함부로 다루는 것보다는 각자 자신의 은행 잔액을 함부로 다루는 것이 낫다(케인스, 2010, 455)."

구 또한 존재한다. 전자가 개인의 욕구라면, 후자는 시스템의 욕구 혹은 시스템의 필요이다. 지배욕구와 축적욕구가 화폐보유욕구를 자극하고 조장한다.

> 1519년 에르난 코르테스 일당은 당시까지 인간 세상에서 격리되어 있던 멕시코를 침략했다. 그곳에 살던 사람들은 스스로를 아즈텍인이라고 불렀다. 이들은 이방인들이 어떤 노란 금속에 극도의 관심을 나타낸다는 사실을 금방 알아차렸다. 이방인들은 사실 끊임없이 그 이야기만 했다. 원주민들이라고 금을 모르지 않았다. 아름답고 가공하기 쉬워서 그것을 사용해 장신구와 조각상을 만들었으며 때로 금가루를 교환의 수단으로 이용했다. 하지만 아즈텍인은 뭔가를 사고 싶으면 보통은 코코아 콩이나 피륙을 지불했다. 그래서 스페인인들이 금에 집착하는 이유가 도무지 이해되지 않았다. 먹을 수도 마실 수도 없고 천을 짤 수도 없으며 너무 물러서 도구나 무기를 만들 수도 없는 금속이 왜 그렇게 중요할까? 스페인 사람들이 금에 열광하는 이유가 뭐냐고 원주민들이 묻자 코르테스는 이렇게 대답했다. "나와 내 동료들은 금으로만 나을 수 있는 마음의 병을 앓고 있기 때문이다(Y. 하라리, 2015, 248)."

이 마음의 병은 결코 치유될 수 없다. 왜냐하면 화폐의 보유보다 화폐 보유의 욕구가 언제나 더 빠르게 증대하기 때문이다. 화폐는 물질적 부의 일반적 대표자로서 질적으로 무제한적이지만, 개인이 실제로 소유하는 양은 언제나 제한적이다. 이러한 간극을 채우기 위해 개인은 화폐 획득을 위해 분투하지만 그는 언제나 새로운 대륙을 만나는 '세계 정복자(『자본 I(상)』, 173)'의 처지에 놓이게 된다. 시지프스적 분투에도 불구하고 그의 욕구는 영원히 채워지지 않는다.

5.8 화폐의 지불수단기능 및 신용화폐

유통에서 거래되는 상품량이 증대하여 상품유통에 필요한 화폐 수요가 증대한다면, 유통의 외부에서 화폐가 주입되어야 한다. 즉, "유통수단의 양이 상품의 가격합계의 변화에 따라 조정되는 한, 화폐의 다른 형태가 상품유통 영역의 외부에 존재해야만 한다(M. 이토, 1988, 51)." 앞서 절에서 외부에 존재하는 추가적인 화폐 공급원으로 축장 화폐를 살펴보았지만, 오늘날 여기에 더해 신용을 추가할 수 있다. 사실 현대 자본주의 경제에서 신용은 가장 기본적이고 중요한 화폐공급의 원천이다. 신용은 상업신용과 은행신용(혹은 자본주의적 신용)으로 그 유형을 구분해볼 수 있다. 먼저 상업신용에 대해 살펴보자.

만일 두 상품생산자 A, B간의 거래가 신용으로 이루어졌다고 가정해보자. A는 당장 대금을 지불하는 대신, 3개월 후 대금을 갚을 것을 약속하며 B로부터 상품을 인수하였다. 이 때 우리는 B가 A에게 신용을 제공하였다고 이야기한다. 신용으로 상품을 구입한 대가로 A는 B에게 3개월 후 채무를 청산할 것을 약속하는 증서를 써주는데, 이를 약속어음(promissory notes)이라고 부른다. 약속어음을 소유하게 된 B는 3개월을 기다린 후 A에게 증서를 청구하고 어음에 명시된 금액을 돌려받을 수 있다. 이로써 모든 채무관계는 청산된다. 이 경우 A가 B에게 지불하는 화폐를 **지불수단**(the means of payment)이라고 부른다. 신용거래를 청산하기 위해 궁극적으로 화폐가 지불되어야 한다. 이처럼 화폐는 채무청산이나 혹은 조세납부에 사용할 수 있으며, 따라서 지불수단은 화폐가 갖는 사용가치 가운데 하나이다.

물론 B는 앞서처럼 3개월 이후 화폐를 돌려받을 수 있지만, 그 이전에도 자신의 상품 거래에 약속어음을 사용할 수 있다. 예를 들어 B가 C로부터 상품을 구입할 때 화폐를 제공하는 대신, 자신이 가진 A 발행의 약속어음을 제공할 수 있다. 만일 정해진 기일에 A가 약속을 갚을 것이라는 신뢰를 C가 가지고 있다면, C는 B에게 상품을 제공하고 약속어음을 받을 것이다. 약속어음은 그 자체가 화폐는 아니었지만 이제 화폐의 기능 일부를 수행하기 시작한다. 판매된 상품에 대한 채무증서 자체가 교환의 유통수단으로 통용될 때 이를 **신용화폐**(credit money)라고 부른다. 같은 증서(note)이지

[그림8] 상업신용: 약속어음

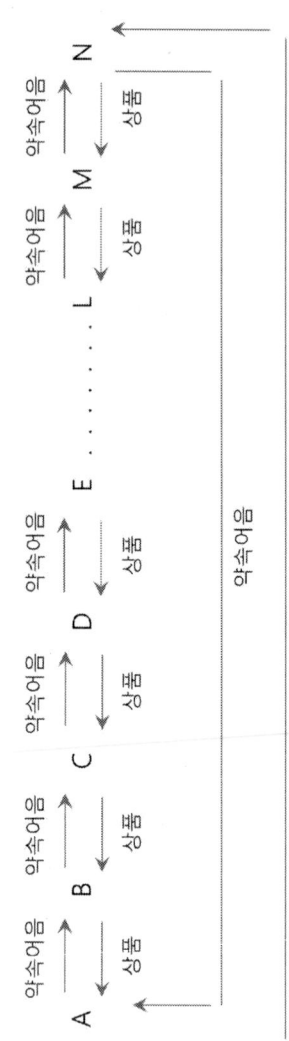

206 노동가치탐구

만 앞서 노동증서(labor note)는 화폐로서 역할을 수행하지 못하는데 반해, 약속어음은 화폐로서 기능을 수행할 수 있다. 단 상환이 확실하게 이루어질 것이라는 믿음과 신뢰가 전제되는 한.

어음이 계속해서 신용화폐로 사용되었고, 마지막 소지자가 N라고 가정해보자([그림8] 참고). N는 이제 3개월 기한이 끝나는 날, 자신의 어음을 최초 어음 발행자인 A에게 제시하고 A가 지불수단을 N에게 제공한다면, A에서 N에 이르는 채권채무의 연결고리들이 동시에 청산된다. 이처럼 많은 거래에 동일한 신용화폐가 사용됨으로 거래에 필요한 실제 화폐인 금을 절약할 수 있다. 이는 신용화폐가 제공하는 큰 혜택이다.

그러나 N이 A에게 청구한 금액을 A가 준비하지 못하였을 수도 있다. 아마 A는 상품경제 내 누군가가 판매를 하면서 구매를 하지 않음으로써 발생한 과잉생산의 희생자일지도 모른다. 그로 인해 A는 N에 대해 지불수단 화폐를 제공할 수 없게 된다. 이러한 채무상환의 실패 혹은 디폴트(default)를 확인한 N은 다시 자신에게 어음을 제공한 M에게 찾아간다. 그러나 M는 A가 채무를 상환할 것이라는 신뢰 속에서 약속어음을 화폐로 사용하였기에 애초부터 지불수단을 준비하지 않았다. 이제 M는 자신에게 어음을 제공한 L에게 찾아간다 . . . 이러한 일련의 상환 실패의 연쇄는 마치 도미노처럼 이전의 모든 채권채무 단계를 거쳐갈 것이다.

　모든 상품생산자들은 특정 기간 동안 특정한 양의 화폐수입의 유입을 기대하면서 지출계획을 세운다. 그런데 만일 어느 개별 생산자 A가 채무를 상환하지 못한 경우 A에 대해 채권을 가진 생산자 B의 화폐 유입이 중단된다. 그런데 이로 인해 생산자 B가 채무를 상환하지 못할 경우 B에 대해 채권을 가진 생산자 C의 화폐유입이 중단된다 . . . 이러한 과정은 상품유통의 네트워크를 따라 계속 확산될 것이다. 결과적으로 시스템 전체에 걸쳐 화폐 부족으로 모든 상품생산자들의 애초 지출계획은 심하게 차질을 빚고 경제 전체의 지출규모는 축소된다. 이 연쇄적인 시스템 교란을 촉발시키는 중요한 발화점이 다름아닌 어음과 같은 신용화폐의 부도이다. 신용화폐는 실제 금화폐를 동원하지 않고서도 화폐기능을 수행함으로써 화폐를 절약하는 효과를 갖는다. 신용화폐는 그것이 도입되지 않았을 경우에 비해 상품거래규모를 더 확대시키고 상품유통을 원활하게 만든다. 그러나 청산수단으로서 지불수단이 제공되지 않았을 경우, 신용화폐가 애초에 가졌던 모든 이점과 미덕은 결점과 악덕으로 변모한다. 이로 인해 **화폐공황**(money crisis)이 발발한다.

　약속어음에 기반한 상업신용체계에서 채무 상환이 무리없이 이루어지고 화폐의 지불수단 기능이 잘 작동하기 위해서는 경제 전체의 재생산과정, 즉 생산-유통-소비 과정이 원활하게 기능하여야 한다. "그러나 신용은 상호간에 주고받기 때문에 각자의 지불능력은 동시에 타인의 지불능력에 달려 있다(『자본 3(하)』, 615)". 재생산과정에 스트레스가 가해지거나 이로 인해 위축이 발생할 경우, 채무 불이행은 연속해서 발생하고 화폐공황은 불가피해진다.

화폐공황이 발생할 경우 모든 상품생산자의 화폐수요가 크게 증대한다. 앞서 우리가 살펴본 사례에서 A에서 M에 이르는 모든 개별 상품생산자들이 자신에게 청구된 채무증서를 청산하기 위해 화폐를 구하기 시작한다. 화폐수요가 폭등함에 따라 이자율이 급상승한다. 이러한 상황을 **화폐기근**(monetary famine)이라고 부른다. 부족한 화폐를 채우기 위해 상품생산자들은 자신이 보유하고 있던 자산들을 낮은 가격으로 투매(fire sale)하기 시작한다.

민간 개인이 발행한 어음이 신용화폐로 기능하는 상업신용과 더불어, 자본주의에서는 더 중요한 신용의 원천이 존재한다. 바로 은행신용이다. 오늘날 은행은 예금의 일부만을 남기고 나머지를 모두 대출할 수 있으며, 은행시스템 내 연속적인 대출과정을 통해 초기 주입된 금액보다 더 많은 화폐를 창출할 수 있다. 금융시장 안에는 많은 행위자와 기관들(연기금, 보험회사, 헤지펀드, 카드회사, 모기지 회사

등)이 존재하지만 중앙은행을 제외한다면 오직 은행만이 통화를 창출할 권한을 갖는다.

오늘날 은행시스템을 통한 신용공급은 단순히 상품유통에 필요한 화폐의 문제를 넘어선다. 자본주의는 이전 사회에 비해 매우 역동적인 사회이고, 이러한 변화와 역동성은 자본축적과 투자로부터 나온다. 축적과 투자에 필요한 자금은 많은 경우 은행 신용으로부터 공급된다. 만일 어느 기업이 대규모 설비투자를 위해 저축을 한다고 가정해보자. 이러한 축장으로 인해 화폐는 상품유통이나 가치증식과정으로부터 이탈하며 그 가치는 화석화된다. 끊임없이 팽창하고 확장하려는 경향을 갖는 자본주의의 경우, 이러한 가치의 누출 및 비운동성은 자신의 내재적 경향에 반하는 것이다. 자본주의는 모든 유동성을 충분히 활용하고 모든 가치를 완전히 동원하려고 하는데, 이 목적에 은행 신용이 부합한다. 대규모 설비투자를 위해 기업은 투자가능 목표금액에 이를 때까지 저축할 필요가 없다. 이미 많은 저축이 은행시스템에 집중되어 있고, 은행은 이 자금을 투자하려는 기업에 대출할 수 있다. 은행을 통한 자금의 집중 및 중개, 그리고 신용화폐의 창출은 오늘날 자본주의의 정상적 재생산에 필요불가결한 요소가 되었다.

자금을 차입한 기업은 은행신용이 공급된 대가로 채무를

지게 된다. 투자에 성공한 기업은 상품가치를 실현한 뒤 그로부터 획득한 화폐 일부를 채무청산에 사용한다. 이 때 사용되는 화폐 역시 지불수단에 해당한다. 투자기업이 은행으로부터 신용을 공급받을 때 채권자 은행은 채무자 기업이 미래에 생산해 낼 가치를 수취 청구할 수 있는 권리를 획득한다. 이후 기업이 채무 상환에 성공했을 때 이 권리는 소멸한다. 따라서 부채란 미래에 실현될 가치와 짝을 이루어 소멸하게 되는 일종의 반가치(anti-value)이다.[45] 오늘날 입자물리학자들은 자연세계에서 물질이 반물질과 만나면 쌍소멸(pair annihilation)이 일어날 것이라고 예측한다. 마찬가지로 자본주의에서도 현재 발생한 반가치가 이후 생산될 가치와 만나게 되면 **가치청산(value-clearing)**이 일어난다. 우리는 앞서 화폐가 타인 노동에 대한 사회적 청구권이라는 점을 언급한 바 있다. 그런데 여기서 우리는 은행신용을 통해 창출된 부채가 미래 타인 노동에 대한 청구권이라는 점을 확인하게 된다. 만일 가치청산이 일어나지 않는다면, 즉 투자기업이 상품가치 생산 및 실현에 실패한다면, 따라서 화폐의 지불수단기능이 작동하지 않는다면 이제 금융공황이라는 시스템의 대혼란이 발생한다.

---

45 '반가치(anti-value)'라는 흥미로운 비유는 D. 하비, 2016에서 가져왔다.

금융공황에 관한 설명을 위해 초기 은행권(bank note)의 역사로부터 시작하자. 금본위제 하에서 은행이 발행한 은행권은 일종의 채무증서였고, 은행은 그것을 제시한 사람에게 은행권에 명기된 가치만큼의 금을 지불할 의무를 가졌다. 약속어음이 채무증서이듯이 은행권 역시 동일한 채무증서였고, 전자가 신용화폐로 사용될 수 있었듯이 후자 역시 신용화폐로 사용될 수 있었다. 일반적으로 은행은 예금으로 받은 금의 양보다 더 많은 은행권을 발행하고 이를 유통시킨다. 예를 들어 A가 금을 은행에 예치하고 대신 차용증서로 은행권을 받았다고 하자([그림9] 참고). A는 이 은행권을 상품생산자 B의 상품을 구입하는데 거래수단으로 사용할 수 있다. B는 자신이 상품제공으로 받은 이 은행권을 다시 은행에 예금할 수 있다. 은행은 이 동일한 은행권을 다시 C에게 대출할 수 있다. C는 이 은행권을 다시 상품생산자 D의 상품을 구입하는데 사용할 수 있다. D는 역시 자신이 상품제공으로 받은 이 은행권을 다시 은행에 예금할 수 있다. 은행은 이 은행권을 다시 다른 사람에게 대출할 수 있다 ... 은행권이 다시 은행에 유입되고 이것이 다시 대출됨으로써 원래 금의 가치보다 더 많은 신용화폐가 창출된다.

앞서 약속어음의 경우와 마찬가지로, 이 경우 역시 공황의 가능성이 내재한다. 만일 은행권 소유자들이 은행에 대

〔그림9〕 은행신용: 금본위제도

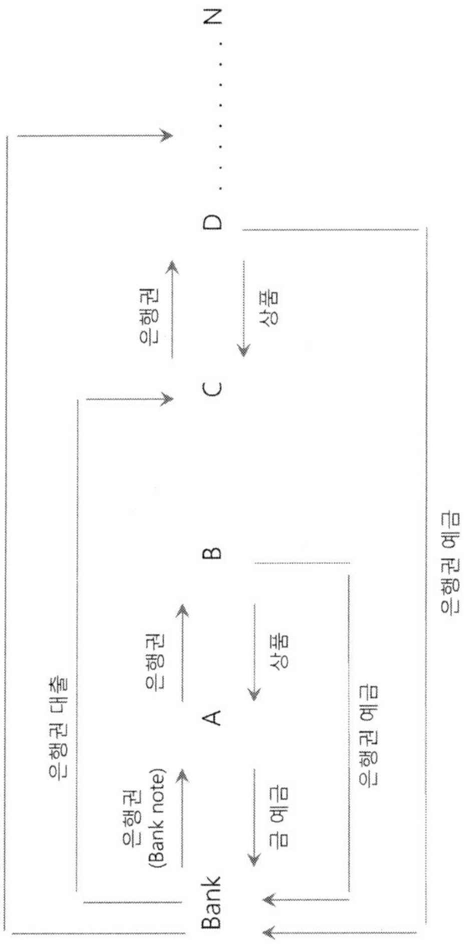

```
                                                            → N
                                                           ⋮
                                                           D
                                                           ↓ 상품
                 은행권 대출
        ┌─────────────────────→ C
        │                      ↑ 은행권
        │   은행권
        │    ↑
        │    │                  
        │    A ──상품──→ B
        │    │
        │ 은행권                 은행권 예금
        │ (Bank note)
        │    ↑      ↓ 금 예금
        │    │      
       Bank ←──────────── 은행권 예금
        ↑
        └──────────── 금 예금
```

5. 화폐: 가치의 최종형태

한 신뢰를 잃고 한꺼번에 몰려들어 금을 요구할 경우, 은행은 이러한 금태환 요구를 수용할 수 없다. 왜냐하면 은행은 이미 자신의 금 보유수준을 초과하여 은행권을 과다하게 유통시켰기 때문이다. 지불수단을 마련하지 못해 예금인출요구에 부응하지 못할 경우 은행은 도산한다. 이를 뱅크 런(bank run) 혹은 **은행공황**(bank crisis)이라고 한다.

오늘날 경우처럼 금화폐가 아니라 불환지폐제도가 도입된 이후에도 역시 동일한 일이 발생한다. 만일 A가 은행에 불환지폐권을 예금하였다고 가정해보자(〔그림10〕 참고). 은행은 예금으로 들어온 지폐권을 B에게 대출해줄 수 있다. B는 이 지폐권을 상품생산자 C의 상품을 구입하는데 사용할 수 있다. C는 자신의 판매수입인 이 지폐권을 은행에 다시 예금한다. 이제 다시 은행은 이 지폐권을 D에게 대출해 줄 수 있다. D는 이 지폐를 다른 상품생산자의 상품을 구입하는데 사용할 수 있다 . . . 불환지폐권이 다시 은행으로 돌아오고 은행이 이를 다시 대출해 줌에 따라 신용화폐가 창출되고 이 과정에서 경제 전체에 유통되는 화폐량은 증대한다.

불환지폐제도 역시 지불수단과 관련하여 동일한 취약점을 갖는다. 만일 은행이 법정지불준비금 의무를 지키면서, 나머지 예금을 모두 대출한다고 하자. 대출을 받은 기업들과 가계는 이를 고정자본투자나 내구재 구입에 지출할 것이

[그림10] 은행신용: 불환지폐제도

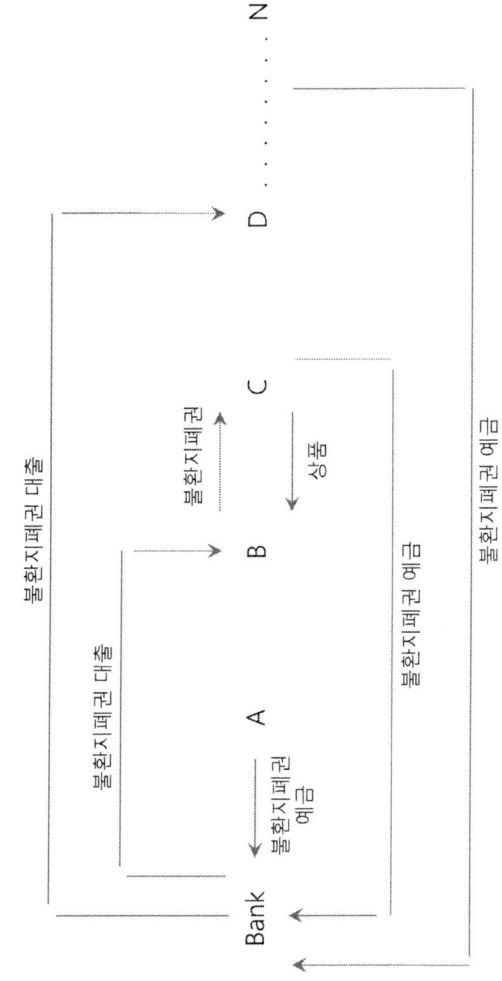

다. 그러나 투자 성과나 지출 결과가 애초 상환계획에 부합하지 못할 경우, 이들은 부채를 상환할 수 없게 되고 은행은 부실채권을 떠안게 된다. 차입자들은 지불수단을 준비하지 못하고 자신의 채무를 청산하지 못하게 된다. 그런데 은행 부실의 소식이 들려오게 된다면 금융제도에 대한 사람들의 신뢰가 하락하게 된다. 예금자들이 은행의 지불 약속에 대한 믿음을 잃게 되고, 따라서 이 때에도 예금인출쇄도가 발생한다. 예금자의 인출요구에 부응할 지불수단을 마련하기 위해 은행은 불가피하게 자신이 보유한 대출채권을 헐값에 투매할 수 밖에 없다. 그러나 이러한 투매는 은행부실을 심화시켜 예금인출쇄도를 더욱 부추긴다. 이 경우 은행 자신이 지불수단을 준비하지 못하여 채무는 청산되지 못한다. 시간이 경과하면서 은행위기가 심화된다.

> 공황이 터지면 이제는 지불수단만이 문제로 된다. 그런데 지불수단의 입수에서 각자는 타인에 의존하며 그 타인이 만기일에 지불할 수 있을지 없을지를 알 수 없기 때문에, 시장에 있는 지불수단〔즉 은행권〕을 구하기 위한 진정한 장애물경주가 시작된다. 각자는 입수할 수 있는 대로 많은 은행권을 퇴장시키며, 따라서 은행권은 그것이 가장 필요한 바로 그 날에 유통에서 사라진다(『자본 3(하)』, 677-678).

이제 우리는 화폐와 관련한 3개의 위기 유형을 식별할 수 있게 되었다. 만일 상품 유통을 매개하는 화폐가 축장되어 상품가치 실현의 어려움이 급증할 경우 (1)과잉생산공황이 발생한다. 어음과 같은 사적 신용과 더불어 은행 신용은 상품유통에 필요한 화폐 공급에 중요한 기여를 하지만, 청산요구에 대해 지불의무가 실행되지 못할 경우 (2)화폐공황과 (3)은행공황이 발생한다. 화폐공황과 은행공황을 묶어 **신용위기**(credit crisis) 혹은 **금융위기**(financial crisis)라고도 한다. 어음이나 은행권이 신용화폐로 유통될 수 있는 것은 이들 신용화폐가 금으로 태환될 수 있다는 믿음 혹은 신뢰 때문이다. 혹은 불환지폐제도하에서는 이들 신용화폐가 법정 불환지폐로 태환될 수 있다는 믿음 혹은 신뢰 때문이다. 그러나 신용위기가 발생할 경우 신용화폐는 글자 뜻 그대로 종이조각이 되어 버린다.[46]

5.9 화폐기반 및 금융체계 간 모순[47]

---

46 앞으로 살펴볼 불환지폐제도의 경우 인플레이션이 발생하면 불환지폐가 감가되지만, 신용공황과 같은 채무위기의 경우 신용화폐의 감가가 발생한다.
47 이 소절의 제목은 D. 하비, 2016으로부터 가져왔다.

앞서 우리는 신용화폐가 창출됨으로써 경제 전체의 화폐량이 금화폐의 가치를 초과하여 증가할 수 있음을 알게 되었다. 그런데 우리는 또한 금화폐는 추상적 인간노동을 대표하고 있으며 장기적으로 화폐량은 이러한 가치량을 초과할 수 없다는 점 또한 알고 있다. 여기서 한가지 모순이 발생한다. 금속화폐는 노동가치의 크기에 묶여있지만, 신용화폐가 포함된 총화폐량은 금속화폐의 가치 크기를 너머서 팽창하며, 따라서 금속화폐에 기초한 화폐기반과 신용화폐에 기반한 금융체계 간에 격차가 점차 벌어질 수 있다는 것이다. 이러한 격차는 어디까지 지속될 수 있을까?

우리가 살고 있는 이 세계의 가장 심층부에 가치의 영역이 존재한다. 이 가치의 영역은 순수한 노동, 즉 인간노동일반 혹은 추상적 인간노동으로 구성된다. 그런데 이 가치는 오직 교환가치의 형태로만 드러날 수 있으며, 이 과정에서 불가피하게 가치의 물적 형태인 금속화폐가 등장한다. 가치로부터 필연적으로 화폐가 등장하므로 이 금속화폐는 가치와 밀접하게 연관된다. 사회적 필요노동 단위로 계산된 전체 가치크기는 통용되는 금속화폐 가치크기와 일치하여야 한다.

그런데 여기서 하나의 곤란이 등장한다. 상품유통에 필요한 화폐량은 끊임없이 증대하지만, 금본위제하에서 화폐공급 증대는 제한적이다. 왜냐하면 화폐공급 증대는 오직 상품경제 안으로 금 주입의 증대로서만 가능한데, 새로운 금광산이 발견되거나 금 채굴기술의 개선이 없다면 이는 불가능하기 때문이다. 이러한 상황은 특히 자본주의 경제에서는 더욱 큰 문제가 된다. 자본주의는 그 내재적 경향이 끊임없는 축적과 성장이므로 경제 규모의 증대로 인해 더 많은 화폐를 필요로 하기 때문이다. 물론 이러한 화폐공급의 병목 문제를 해결하기 위해 축장 메커니즘이 활용될 수 있다. 축장된 화폐가 다시 상품유통에 주입되는 것이다. 그러나 이러한 축장 메커니즘을 통한 화폐공급은 상품유통과 자본축적에 요구되는 화폐 수요를 제한적으로만 충족시킨다.

따라서 문제의 해결을 위해 신용화폐가 창출되고 활용된다. 어음과 은행권의 유통을 통해 거래와 축적에 필요한 화폐가 추가로 공급된다. 특히 은행권의 경우 금속화폐적 기반에 기초하여 신용화폐가 창출되는데, 이 때 앞서 언급한 모순이 발생한다. 금속화폐적 기반은 가치에 연동되어 있지만, 신용화폐는 금속화폐적 기반을 초과하여 창출된다. 그 결과 팽창한 신용화폐의 크기는 실제 노동가치의 크기를 초과한다. 이는 일견 노동가치론을 부정하는 결과처럼 보인다. 그러나 이러한 괴리는 영구히 지속될 수 없다. 가치의 법칙은 현실 상품경제를 규제하는 궁극적 원리이므로, 일시적으로 이로부터 이탈이 일어난다 해도 결국 신용의 세계는 다시 가치의 세계에 자신을 동조시켜야 한다. 이 과정이 강제적으로 그리고 격렬하게 진행되는 것이 앞서 살펴본 금융위기이다.

지금 현재 노동이 투하되고 그 결과물인 노동생산물이 화폐와의 교환을 통해 사회적 인정을 받는다면 플러스의 가치가 정상적으로 창출된다. 그러나 만일 신용화폐가 사용된다면 이는 일종의 마이너스 가치가 발생한 셈이다. 왜냐하면 신용거래의 채무가 청산되기 위해서는 반드시 미래 어느 시점에서인가 노동이 투입되어 노동생산물이 생산되고 이것이 다시 화폐와 교환되어야 하기 때문이다. 신용화폐는 당장의 사회적 인정을 임시로 면제받은 상태에서, 미래에 이러한 과정이 문제없이 진행될 것이라는 믿음에 기반해 화폐 기능을 수행한다. 요컨대 신용화폐는 실현되지 않은 가치를 미리 앞당겨 인정해주는 수단이며, 언제나 마이너스 가치를 발생시킨다. 만일 공급된 신용의 크기만큼 미래에 가치가 창출된다면, 이 플러스의 가치가 앞서 미리 발생한 마이너스 가치와 함께 쌍소멸하게 된다. 이 과정이 채권 채무관계가 청산되는 과정이고, 발행된 신용화폐가 역할을 마치고 사라지는 경우이다.

신용 시스템이 잘 작동할 경우에는 아무런 문제가 발생하지 않는다. 기업이 미래를 낙관적으로 예상하여 대규모 설비투자를 하거나, 사람들이 자본이득을 얻기 위해 주식이나 채권, 토지나 주택 등을 구매할 때, 이들은 주로 금융시장에서 자금을 차입한다. 이들이 차입한 자금은 대부계약을 통해 조달된 신용화폐이다. 만일 기업의 기대와 계산이 타당하여 차입한 자금으로 상품을 생산하고 이것이 판매되어 이윤 소득이 충분히 발생하였다고 하자. 기업은 이윤 소득으로 채무를 청산하고, 신용화폐 발행과 더불어 발생한 마이너스 가치는 플러스 가치와 결합하여 쌍소멸한다. 또한 투기자들의 예상과 바램이 실현되어 구입한 가격보다 더 비싼 가격으로 자산 판매가 이루어지고 자본 이득이 발생하였다고 하자. 투기자들 역시 실현된 자본이득으로 자신의 채무를 청산할 것이다.[48]

그러나 상황이 언제나 순조롭게만 진행되는 것은 아니다. 신용화폐가 과다하게 발행되어 마이너스 가치가 발생하지만, 이후 기업이 투자에 실패하여 플러스 가치가 창출되지

---

48 기업 설비투자의 경우 투자 성공은 가치의 쌍소멸을 낳을 것이지만, 개인 금융투자의 경우 투자 성공은 가치의 쌍소멸을 불러일으키지 못한다. 왜냐하면 후자의 경우 투자의 대상인 금융자산들은 의제자본(fictitious capital)에 해당하며 따라서 애초부터 가치를 가지지 못하기 때문이다.

못할 수 있다. 과잉축적(over-accumulation)의 결과 이런 일이 발생한다. 혹은 지나친 신용 레버리지로 인해 자산가격이 하락할 때 개인 투자자들은 커다란 손실을 입을 수 있다(underwater). 자산투기(asset speculation)의 결과 이런 일이 초래된다. 이 경우 투자가 과잉인 것으로 판명되고 기업의 수익이 크게 하락하며, 자산가격 상승 역시 버블이었던 것으로 드러나고 투기자들의 자산가치도 크게 폭락한다. 그 결과 신용화폐 창출과정에서 동시에 발생한 마이너스 가치는 그에 조응하는 가치의 생산과 연결되지 못하므로 소멸되지 못한다. 또한 자산구매를 위해 제공된 신용이 부실채권으로 전락함으로써 채무상환의 요구는 충족되지 못한다. 이제 기업과 투기자들은 절박한 상황으로 몰리게 되고 상품과 자산을 투매하기 시작한다. 그 결과 이들 상품과 자산은 대규모 감가에 휩싸이게 된다.

신용화폐가 팽창하는 호황기의 경우 신용화폐는 그 자체가 기존의 금속화폐를 완전히 대신하는 수단인 것으로 보였지만(또한 그렇게 신뢰하였지만), 금융위기가 발생한 이후 신용화폐는 종이조각이 되고 금속화폐의 가치가 급등하기 시작한다. 이제 금속화폐만이 가치의 유일한 현존형태가 되고 배타적 지불수단이 된다. 오로지 금속화폐만이 가치를 대변하는 수단이 되며, 사회는 생산의 사회적 성격을 확인

하기 위해 금속화폐와의 교환만을 고집한다. 마르크스에 따르면

> 이 화폐공황은 지불들의 연쇄와 지불결제의 인위적 조직이 충분히 발전한 경우에만 일어난다. 이 작용원리에 전반적 교란이 일어날 때, 그 교란의 원인이 무엇이든, 화폐는 계산화폐라는 순전히 관념적인 모습으로부터 갑자기 그리고 직접적으로 경화로 변해버린다. 더 이상 보통의 상품은 화폐를 대신할 수 없게 된다. 상품의 사용가치는 쓸모없는 것으로 되며, 상품의 가치는 그 자신의 가치형태 앞에서 사라지고 만다. 조금 전까지만 해도 부르주아는 호경기에 도취되어 자신만만하게 '상품이야말로 화폐'라고 하면서, 화폐를 순전히 관념적 산물이라고 선언했다. 그런데 이제는 모든 시장에서 화폐만이 상품이라고 외치는 소리가 들려온다. 공황에서는 상품과 그 가치형태인 화폐 사이의 대립은 절대적인 모순으로까지 격화된다(『자본 I(상)』, 179-180).

금융위기 이전의 경우, 상품생산자가 발행한 약속어음(채권)이나 은행이 창출한 신용화폐(대부)는 금속화폐(금)와 태환되었다. 즉 이들 간에는 완전한 대체관계가 존재했다. 그러나 금융위기가 발생한 이후, 채권과 대부는 모두 부실화되어 신용화폐는 감가되고 대체는 어려워진다. 수영장의 물이 빠지고 난 후 누가 수영복을 입었는지 입지 않았는지

를 알게 되듯이, 금융공황이 발생하고 난 이후 비로소 우리는 진정한 화폐가 무엇인지를 알게 된다.

금융위기는 가치-화폐기반과 신용-금융체계 사이의 모순이 더 이상 용인될 수 없을 정도로 확대되었을 때, 후자를 다시 전자 수준으로 되돌리는 억제 메커니즘(check mechanism)이다. 과잉축적이나 자산버블이 붕괴되면서 과도하게 팽창한 신용화폐는 격렬한 형태로 다시 가치의 기반, 금속화폐의 기반으로 복귀한다. 이러한 복귀를 통해 사회는 다시 '건전한' 토대를 회복한다. 호황기의 신용 팽창과 금융위기 시기 신용 수축은 상품생산사회와 그에 기반한 자본주의사회에서는 불가피하다. 특히 축적에 사로잡힌 자본주의 생산양식은 상품생산을 끊임없이 확대시키며, 이 과정에서 신용은 과잉 공급되는 경향이 있다. 축적은 신용의 팽창을 요구하지만, 신용은 늘 축적의 속도를 앞지른다. 그러나 상품생산의 궁극적 규제자(last regulator)인 가치법칙은 팽창으로부터 초래된 가치기반으로부터의 이탈을 허용하지 않는다. 이탈은 일시적이며 결국 가치 및 화폐기반으로의 복귀가 강제된다. 이 과정에서 금융위기는 필수적이다. 따라서 **금융위기 그 자체가 자본주의적 상품경제의 재생산구조를 구성하는 원리이다**. 이 점을 마르크스는 『자본』 제3권에서 다음과 같이 묘사한다.

중앙은행은 신용제도의 회전축이며, 금속준비는 이번에는 중앙은행의 회전축이다 ... 투크나 오브스톤이나 모두 결정적인 순간에 금속토대를 유지하기 위해 물질적 부의 최대한 희생이 필요하다는 것을 인정하고 있다 ... 생산전체에 비하면 무시할만한 양의 금속이 이 제도의 회전축으로 공인되고 있다. 이리하여 이 회전축으로서의 성격이 공황에서 전율할 정도로 발현될 뿐 아니라, 매우 훌륭한 이원론이 생기고 있다. 즉 계몽된 경제학은 '자본'을 취급하는 한 금은을 전혀 중요하지 않고 가장 소용없는 자본형태라고 최대로 경멸하고 있는데, 금융을 다루자마자 이 태도는 완전히 역전되어 금은은 특히 뛰어난 자본으로 되며 이것을 유지하기 위해 모든 기타의 자본형태와 노동은 희생되어야 한다는 것이다 ... 부의 이 사회적 존재(화폐 또는 금은)는 저 세상의 것으로서(즉 사회적 부의 실물적 요소들과 나란히 그리고 그 밖에서 존재하는 사물, 대상, 상품으로서) 나타난다. 생산이 원활히 진행되는 동안은 이런 것은 잊게 된다. 신용은 마찬가지로 부의 사회적 형태인데, 화폐를 축출하고 그 지위를 빼앗는다. 생산의 사회적 성격에 대한 신뢰 그것이 생산물의 화폐형태를 단순히 일시적이고 관념적인 것, 단순히 관념으로서 나타나게 한다. 그러나 신뢰가 동요하자마자(그런데 이것은 근대산업의 순환에서는 규칙적이고 필연적으로 나타나는 국면이다), 모든 실물적 부는 현실적으로 그리고 즉시 화폐(금은)로 전환되어야만 한다. 이것은 말도 되지 않는 요구이지만 체제 그 자체로부터 필연적으로 발생하는 요구다. 그런데 이런 거대한 요구를 충족시켜야 할 금과 은은 기껏해야 잉글랜드은행의 금고에 있는 수백만 파운드 스털링에 불과하다... 신용제도의 발달에 따라 자본주의적 생산은 끊임없이 이 금속(금은)에 의한 한계—이것은 부와 그 운동에 대한 물질적 한계일 뿐 아니라 관념적인 한계이기도 하다—를 극복하려고 노력하지만 또한 끊임없이 반복하여 이 한계에 부닥(친다: 인용자)(『자본 3(하)』, 735-737).

그런데 이제 만일 금본위제를 대신하여 불환지폐제도가 도입되었다고 가정하자. 이 새로운 제도적 조건하에서 앞서 논의가 여전히 타당할 수 있는가? 금본위제 폐지 이후, 금속화폐가 신용제도의 토대라는 주장은 무의미해지지 않았는가?

불환지폐제도 도입 이후, 이제 금속화폐에 의한 신용화폐의 규율은 사라지게 되고 그 자리를 중앙은행이 차지하게 된다. 재무부는 국채를 발행하고, 중앙은행은 공개시장조작(국채 매매)을 통해 이자율을 관리한다. 만일 화폐승수가 안정적이라면[49] 중앙은행은 경제 전체의 통화량을 적절하게

---

49 화폐승수(money multiplier)란 중앙은행이 통제하는 본원통화에 대비한 통화공급량을 말한다. 중앙은행이 목표로 하는 통화공급을 위해 화폐승수가 안정적이어야 하지만 현실에서 승수의 크기는 가변적이다. 특히 통화공급 통제의 필요성이 가장 큰 경제위기의 시기 승수 값은 하락한다.

규제할 수 있게 된 것처럼 보인다. 이제 모든 신용체계에 대한 관리는 중앙은행에게 일임된다. 그렇다면 중앙은행은 어떤 기준으로 통화량을 규제할 것인가? 중앙은행은 사회적 노동량이라는 가치기반으로부터의 요구를 반영하여 그에 조응하는 '건전한' 화폐를 운영할 수 있는가?

금화폐의 경우 그것의 생산비용 혹은 투하노동이 금의 단위가치를 결정하고, 결정된 단위 가치가 상품의 가치를 측정하는 회계수단으로 사용된다. 금 생산과정에서 생산성이 증대할수록 금의 단위가치는 하락하고 예전과 동일한 상품가치를 대변하기 위해서는 더 많은 화폐량이 필요하다. 이 경우 화폐의 유통수단기능이 아니라 가치척도기능이 화폐가치를 결정한다. 이미 앞서 살펴보았듯이 이러한 접근은 마르크스의 화폐수량설 비판의 토대였다.

반면 불환지폐의 경우 생산비용 혹은 투하노동은 거의 전무하고, 따라서 그 한계생산비용은 0에 근접한다. 다시 말해 이는 화폐생산과정의 생산성이 무한대라는 의미이기도 하다. 화폐 생산과정에서 생산성이 2배로 증대한다면 화폐 한 단위의 가치는 원래 가치의 1/2로 감소하지만, 생산성이 무한대로 증대한다면 화폐 한 단위의 가치는 0으로 수렴한다. 이제 더 이상 생산성과 (화폐)상품가치 간의 유의미한 연관이 지속될 수 없게 된다. 화폐 공급이 비탄력적인 경우와 달리, 이제 중앙은행은 자신이 보유한 프린팅 기술(printing technology)을 사용하여 글자 뜻 그대로 돈을 찍어낼 수 있게 된다. 사정이 이러하다면 금속화폐에 기반한 상품생산사회의 경우보다 불환지폐에 기반한 오늘날의 경우가 신용화폐체계가 가치기반으로부터 이탈할 가능성이나 정도가 더욱 크다.

중앙은행이 정밀한 계산을 통해 가치기반에 조응하는 적정 통화량을 공급하고 이에 부응하여 상업은행들이 적절한 신용화폐만을 창출할 가능성은 거의 없어 보인다. 불환지폐제도 도입 이후 중앙은행이 전체 금융시스템에 대한 감독을 수행하고 있음에도 불구하고, 여전히 가치기반으로부터의 괴리에 해당하는 과잉축적이나 버블이 발생하기 때문이다. 무엇보다도 경기변동에 대한 중앙은행의 불완전한 통제가 결정적인 증거이다. 요컨대 새로운 금융제도하에서 중앙은행은 인위적인 조정기구로서 가치법칙을 대행하지만, 이러한 대행은 불완전하다. 중앙은행의 개입에도 불구하고 가치기반과 신용체계 간의 모순은 늘 상존하며, 금융위기 역시 사라지지 않는다.

결국 불환지폐제도하에서도 가치법칙은 여전히 시스템의 가장 근본적인 규제 원리로 남게 된다. 금속화폐에 기반하든, 불환지폐에 기반하든 상품화폐경제를 기반으로 한 자본주의에서 금융위기는 피할 수 없다.

신용화폐의 감가는(신용화폐가 순전히 상상적인 금속 화폐적 속성을 완전히 상실하는 경우는 말할 것도 없고) 모든 기존의 관계들을 동요시킬 것이다. 그리하여 상품들의 가치는 이 가치의 환상적 자립적 존재형태인 화폐를 보호하기 위해 희생된다 . . . 이것은 자본주의적 생산에서는 불가피하며 그리고 그것의 매력의 하나이기도 하다 . . . 노동의 사회적 성질이 상품의 화폐적 존재로서, 그리하여 현실적 생산 밖에 있는 하나의 사물(즉 화폐)로서 나타나는 한, 화폐공황─진정한 공황(산업공황)과는 무관하거나 진정한 공황을 격화시키는 것─은 피할 수 없다(『자본 3(하)』, 663).

� # 6. 물신: 상품생산사회의 신비성

6. 물신: 상품생산사회의 신비성

앞서 논의들이 상품생산사회의 물질적 재생산과정에 관한 이야기였다면, 이 장에서는 상품생산자들의 심리적 상태에 관해 논의한다. 유물론의 방법에 따르면 어떤 사회이든 그 사회가 물질적 재생산을 조직하는 방식은 불가피하게 그 사회 구성원들의 의식구조에 영향을 미치기 마련이다. 독립적 생산자들에 의해 노동생산물이 생산되어 상품 형태로 교환되는 사회 구조에서는 이들 생산자들의 머리 속에 물신성이라는 독특한 사고방식이 등장한다.

J. G. 피히테로부터 G. W. H. 헤겔에 이르기까지 독일 관념론의 전통에서는 사물은 사물 그 자체로 존재하는 것이 아니라, 그것을 넘어서는 어떤 것으로 이해된다. 물적 대상은 고립된 채로 단절되어 파악되어서는 안되는데, 왜냐하면 일반적으로 대상은 그 스스로를 포함하는 전체 맥락 안에서 그 의미를 보다 완전하게 드러낼 수 있기 때문이다. 이러한

과정을 거쳐 개별적 속성은 자립성을 초월하여 **총체성**(totality)의 내재적 구성요소로 전환된다(동시에 이 과정에서 우연성은 필연성으로, 무의미는 의미로 전환된다). 마르크스의 물신성 개념 역시 이와 동일한 구도를 따르고 있다. 상품 그 자체는 개별적인 물(物)에 불과하지만, 그 배후에는 인간들 간의 관계, 즉 사회적 관계가 내재되어 있으며 오로지 이러한 사회적 관계 안에서만(즉 가치 관계 안에서만) 상품의 개별적 속성이 온전하게 이해될 수 있다.

그러나 현실의 상품생산자들은 이러한 앞서의 의미 확장의 순서와는 정반대로 사고한다. 독립적 개별적 속성을 초월한 사회적 관계로부터 후퇴하여 다시 물적 속성으로 돌아가기 때문이다. 이러한 사고의 구조가 다름아닌 물신성이다. 물신성의 개념을 이해하기 위한 첫 단계로 아리스토텔레스 에피소드를 살펴볼 필요가 있다.

6.1 아리스토텔레스 에피소드

영화 『황태자의 첫사랑』의 한 장면이다. 역사학 강의 첫 시간에 대학 신입생인 황태자에게 교수가 질문을 한다. "예수 이전에 가장 위대한 인간은 누구인가?" 황태자는 알렉산더 대왕이라고 답하지만 역사학 교수의 비웃음만 사고 만다. 역사학 교수에 따르면 알렉산더가 대륙의 영토를 차지하려고 분투하고 있을 때, 그의 스승이었던 아리스토텔레스는 인간 정신이라는 또 다른 거대한 대륙을 이미 정복한 상태였다. 다음은 바로 그 고대사회의 천재였던 아리스토텔레스의 이야기이다.

그는 과연 천재답게 인간 삶의 여러 형태에 관해 예리한 분석들을 남겼는데, 이 가운데에는 우리가 앞서 검토한 가치형태(value form)에 관한 논의도 포함되어 있었다. 그는 여러 상이한 질의 재화들이 서로 교환된다는 사실을 주목하면서 상품 간의 교환비율, 즉 교환가치에 대해 언급하였다. 특히 그는 이들 재화들이 모두 화폐와 교환된다는 사실을 분명히 인식하였는데, 이는 그가 화폐야말로 가치형태의 가장 발달된 단계라는 것을 알고 있었다는 것을 뜻한다. 가치형태를 인식한 다음, 그는 자연스럽게 가치 실체의 문제로 나갈 기회를 가지게 되었다. 이제 그는 당연히 다음 단계로 나아가, 이런 질문을 던져야 했다; 만일 모든 재화들이 서로 교환된다면, 다시 말해 대상들이 통약성(commensurability)을 갖는다면, 이것을 가능하게 하는 것은 무엇일까? 거래를 가능하게 하고 가치를 비교할 수 있게 만드는 대상의 공통적 속성이란 무엇일까?

그러나 놀랍게도 이 고대의 천재는 다음 단계로 나가는

대신 분석을 멈추고 만다. 올바른 방향을 잡았음에도 불구하고 왜 그는 가치 실체로 나아가는데 실패하였을까? 그 이유는 다름아니라 그가 살고 있었던 시대가 노예제에 기반한 사회였고, 따라서 모든 개별노동 간의 통약성은 애초부터 성립 불가능하였기 때문이다. 통약성은 노동의 동등성을 요구하고, 노동의 동등성은 인간의 평등을 요구하지만, 고대 노예제 사회의 경우 노예를 포함한 모든 인간은 평등한 존재로 인식될 수 없었다. 따라서 그는 가치의 형태는 분석할 수 있었지만, 가치의 실체에는 도달하지 못하였다. 그가 노동가치론을 완성하지 못한 것은 그의 지성의 한계가 아니라, 그의 시대의 한계 때문이다. 가치의 실체가 추상적 인간노동 혹은 인간노동일반이라는 인식은 오직 18세기와 19세기 시민혁명을 거쳐야만 가능할 수 있었다.

> 상품가치의 형태에서는 모든 노동은 동등한 인간노동, 따라서 동등한 질의 노동으로 표현된다는 사실을 아리스토텔레스는 가치형태의 분석에서 끌어내지 못했다. 왜냐하면 그리스 사회는 노예노동에 의거하고 있었고, 따라서 사람들도 같지 않고 그들의 노동력도 같지 않다는 것을 사회의 자연적 토대로 삼고 있었기 때문이다. 모든 노동은 인간노동일반이기 때문에, 그리고 그런 경우에만, 동등하며 동일하다는 가치표현의 비밀은, 인간들이 서로 동등하다는 개념이 대중의 선입관으로 확립되었을 때 비로소 해명할 수 있는 것이다. 그러나

6. 물신: 상품생산사회의 신비성

이것은 상품형태가 노동생산물의 일반적 형태며, 따라서 인간들이 상품소유자로서 맺는 관계가 지배적인 사회관계로 되는 사회에서만 비로소 가능한 것이다. 아리스토텔레스의 천재성은 바로 그가 상품의 가치표현에서 하나의 동등관계를 발견한 데서 훌륭하게 나타나고 있다. 다만, 그가 살고 있던 사회의 역사적 한계 때문에 바로 이 동등관계가 '실제로' 무엇인가를 해명할 수 없었던 것이다(『자본 1(상)』, 76-77).

아리스토텔레스의 에피소드는 중요한 교훈을 남긴다. 그의 실패는 특히 역사유물론의 의미를 다시 한번 되새기게 만든다. 역사유물론의 교훈에 따르면 상부구조상의 여러 이론이나 의식은 언제나 토대의 규정으로부터 자유롭지 못하다. 이러한 관점에 따르자면 예를 들어 "무엇이 정의로운 원칙인가"라는 질문은 무의미하다. 정의는 특정한 역사적 발전 단계에 따라 상이한 내용을 가질 것이기 때문이다. 마르크스에 따르면

. . . 자연적 정의에 대해 이야기하는 것은 무의미한 일이다. 생산 당사자들 사이에서 행해지는 거래의 공정성은 이 거래가 생산관계의 자연적 귀결인가 아닌가에 달려있다. 법률적 형태들—이 형태에서는 이런 경제적 거래들은 참가자들의 자발적 행위로서, 그들의 공동의지의 표현으로서, 그리고 개개의 당사자들에게 국가가 강제할 수 있는 계약으로서 나타난

다—은 단순한 형태들에 불과하며 거래의 내용 그것을 규정할 수는 없다. 그것들은 거래의 내용을 표현할 뿐이다. 그 내용이 생산양식에 알맞고 적합하다면 공정한 것이다. 생산양식과 모순한다면 그 내용은 불공정한 것이 된다. 노예를 부리는 것은 자본주의적 생산양식의 기초 위에서는 불공정하며, 상품의 품질을 속이는 것도 그러하다(『자본 3(하)』, 431).

결국 "무엇이 정의로운가?" 하는 질문은 "어떤 사회적 역사적 조건 아래에서 정의로운가?"라는 질문으로 대신해야 한다. 어떤 대상이나 지향이 공정한가 아닌가는 주어진 생산양식의 요구에 부합되는가 그렇지 않은가에 달려 있기 때문이다. 중세 사회에서 이자의 수취는 죄악이었지만, 자본주의에서는 당연하고 공정한 것이 되었다.[50]

---

50 중세 사회에서는 이자의 수취가 금지되었다. 같은 돈으로 다른 사람들에게 대부할 적 마다 이자를 다시 받는 것은 정의롭지 못한 일이라고 간주되었기 때문이다. 반대로 자본주의 사회에서는 이자의 수취가 자연스러운 것이 되었다. 개인이 축적한 부만 가지고서는 오늘날 평균적인 생산조건에서 사업을 시작하기 어려우므로 반드시 금융시장으로부터 차입이 필요하기 때문이다. 그런데 자본주의 사회에서도 예를 들어 왜 5%의 이자율은 정의롭지만 25%의 이자율은 정의롭지 못한가? 그것은 자본축적의 요구에 부응하는가 여부의 문제와 관련된다. 5%의 이자율은 자본축적을 위한 자금 차입을 위해 요구될 수 있지만, 25%의 이자율은 자본축적 그 자체를 저해하기 때문이다. 다시 말하지만 정의는 생산양식 의존적이다.

그리고 바로 이러한 관점에서만 아리스토텔레스의 사례를 이해할 수 있다. 자유민 노동과 노예 노동은 서로 통약과 비교가 불가능하고, 따라서 이들 간의 교환은 정의롭지 못하고 불공정한 것이다. 그러나 노예 노동에 기반한 생산양식 대신 자유로운 교환이 기반인 상품생산사회라면 문제가 달라진다. 이 사회에서는 모든 개인들의 노동이 인간노동일반에 포함될 수 있고, 이들 노동의 생산물들 간의 교환 역시 자연스러운 것이 된다. 모든 노동 간의 평등, 더 나아가 모든 인간 사이의 평등은 상품생산사회의 정의를 구성하는 필수적 요소가 된다. 정의는 역사 의존적이다.

아리스토텔레스 에피소드의 결론은 노동가치론과 관련해 매우 중요한 함의를 갖는다. 가치의 실체가 추상적 인간노동이고, 이는 오직 특정한 역사적 시기와 사회적 조건 아래에서만 등장한다. 가치는 특수한 사회적 관계라는 맥락 안에서만 실존할 수 있다. 따라서 우리는 가치 그 자체가 어떤 사회적 관계라는 점을 알게 된다. 가치는 곧 **사회적 관계**(value as social relations)이다.

6.2 상품 물신성

인간 사고 구조의 특징 가운데 하나는 우리가 어떤 대상의 본질 혹은 실체(substance)를 인식하고자 할 때, 반드시 그 대상의 형식(form)을 거쳐야 한다는 점이다. 간혹 매우 드물게 어떤 개인은 형식 단계를 거치지 않고 단번에 그 대상의 본질에 도달할 수 있지만, 이러한 직관적 인식은 소수 천재만의 특권이다. 대부분의 사람들은 이 특권을 향유하지 못하며, 따라서 인식의 과정으로서 형식 혹은 형태 단계는 필수불가결하다. 그런데 만일 우리가 비판적 인식이 결여된 상태에서 대상을 인식하려고 한다면, 이 형태 자체에 집착하는 우를 범할 수 있다. 이로 인해 우리는 특정한 형태의 오류에 빠지게 되고 기묘한 환상의 포로가 된다.

실체와 형태 사이의 이러한 전도를 마르크스는 **물신성**(fetishism)이라고 불렀다. 물신성이 성적(性的) 용어로 사용될 경우 그 의미는 상대방 이성이 착용하였던 의복이나 혹은 상대방의 특정 신체 부위에 집착하는 것을 말한다. 이는 상대방을 직접 애정의 대상으로 삼는 것과는 거리가 멀다. 이러한 성적 도착 현상과 유사한 일들이 상품생산사회에서도 발생한다. 상품생산자들은 상품이라는 물(物)에 대해 도착적 심리상태에 빠지게 되기 때문이다. 그들은 물 배후에 존재하는 사회적 관계라는 실체를 이해하지 못하고, 대신 형식에 해당하는 상품 '형태'에 집착한다. 상품생산자의 이러한 인식 오류를 이해하기 위해 앞서 우리가 검토한 상품생산사회의 기본적 사회관계를 다시 살펴볼 필요가 있다.

(1)한편으로 상품생산자의 노동은 자신을 위한 노동이 아니라 타인을 위한 노동이다. 상품생산사회는 사회적 분업에 기초하고 있으며 이러한 분업 체계하에서 각 자는 타인이 소비할 사용가치를 생산한다. 이러한 사정으로 인해 이 사회 내에서 한 개인은 다른 모든 개인에게 의존하게 되며, 이러한 사회적 의존성이 생산의 사회적 성격을 규정한다. 다른 한편 개별 상품생산자들은 각자 스스로 자신이 보유한 생산수단을 사용하고, 생산을 계획하며, 사용할 기술을 선택하고, 생산수량을 결정한다. 상품생산자들의 분산적 소유와 분권적 결정으로 인해 독립적 상품생산자들의 생산은 사적인 성격을 띠게 된다. 따라서 이제 상품생산은 사회적 성격(의존성)과 사적 성격(독립성)을 동시에 획득하게 된다.

(2)상품소비에서의 의존성과 상품생산에서의 독립성 간에 발생하는 이러한 모순이 해결되기 위해, 상품생산사회는 상품교환이라는 매개를 반드시 필요로 한다. 상품교환을 통해(나중에는 화폐교환을 통해) 상품 가치가 실현되었다는 것은 그 상품 생산과정에서 생산자가 지출한 사적 노동이 사회적 승인을 획득하였다는 의미이다. 그런데 이 교환이 이루어지기 위해 교환 쌍방의 노동은 추상적 인간노동, 혹은 인간노동일반의 차원으로 환원되어야 한다. 이러한 환원

을 통해서 상품생산자의 개별적 노동은 사회적 총노동의 일부로서 통합되고, 고립된 개인은 사회에 다시 귀속된다. 이러한 통합 및 귀속을 가져오는 추상적 노동은 상품생산사회의 사회적 관계의 또 다른 차원이다.

따라서 우리는 이 모든 과정을 종합하여 다음과 같이 말할 수 있게 되었다. 상품생산의 제1의 사회적 관계(타인을 위한 생산)는 오로지 상품교환이라는 단계를 경유함으로써만 실현된다. 그런데 교환 그 자체는 제2의 사회적 관계(추상노동의 교환)의 성립을 전제로 한다. 따라서 상품생산의 제1의 사회적 관계는 오직 제2의 사회적 관계의 매개를 통해서만 실현된다. 사회적 관계 그 자체가 목적이면서 동시에 수단이기도 한 이러한 이중적 구조야말로 상품생산사회 재생산의 고유한 속성이다.

생산의 사회적 성격이 실현되는 방법이 이처럼 간접적이므로 상품생산자들은 상품생산의 사회적 관계를 직접 인식하는 것이 매우 어렵다. 만일 생산자가 중세사회의 농노라면 그는 제2의 사회적 관계를 경유하지 않고서도 제1의 사회적 관계를 직접 인식하게 된다. 그러나 생산자가 상품생산자라면 상황은 달라진다. 그는 언제나 분산되고 독립적으로 실존하며, 오직 상품교환의 순간에만 다른 상품생산자와 조우하게 되는데, 이 경우 교환은 물(物)과 물(物)의 교환이다. 인간의 노동생산물이 상품의 형태를 취함으로써 상품생산자가 물(상품)이라는 형식에 집착하게 하고, (그것이 제1이든, 제2이든) 사회적 관계 그 자체에 대해서는 무관심해진다. 이로써 상품 물신성이 등장한다.

앞서 우리가 아리스토텔레스의 사례를 통해 확인하였듯이 가치의 실체는 추상적 인간노동이며, 노동의 이러한 추상적 성격은 하나의 특수한 사회적 관계, 특정한 역사적 시기를 의미한다. 이러한 사회적 관계로서의 가치는 눈으로 볼 수도 없고 손으로 만질 수도 없다. 이러한 상황에서 상품생산자들은 오직 물이라는 형태, 상품이라는 형식에 몰두하게 되고, 이로써 이들의 시야에서 생산의 사회적 관계는 사라진다. 상품 물신성은 생산의 사회적 관계가 상품과 상품의 교환으로 은폐되는 사회, 인간의 노동생산물이 상품이라는 형태로 존재하는 사회에서는 불가피하다. 상품 물신성은 가치 그 자체의 물적 실존인 화폐가 등장함으로써 극에 달한다.[51] 마르크스에 따르면,

> 그러나 바로 상품세계의 이 완성형태—화폐형태—가 사적 노동의 사회적 성격, 따라서 개별 노동자들 사이의 사회적 관계를 숨김없이 폭로하는 것이 아니라 도리어 그 관계를 물건들

---

51 화폐 물신성은 중요한 주제이므로 다음 6.4절에서 다시 다룰 것이다.

사이의 관계로 나타냄으로써 은폐하고 있다. 만약 내가 아마포가 추상적 인간노동의 일반적 화신이기 때문에 저고리나 장화는 아마포와 관계를 맺게 된다고 올바르게 말하더라도, 이 표현은 명백히 황당무계하게 들릴 수밖에 없다. 또한 저고리와 장화의 생산자들이 자기 상품들을 일반적 등가물인 아마포—또는 금이나 은—와 비교할 때, 이 비교는 사회의 총노동과 그들의 사적 노동 사이의 관계를 표현한다는 올바른 인식은 그 생산자들에게는 위와 마찬가지로 황당무계하게 들릴 수밖에 없다(『자본 1(상)』, 98-99).

상품 물신성이 지배적인 상황에서 이제 가치는 아예 대상의 사물적 속성의 하나인 것으로 오인된다. 만일 여기 탁자 하나가 놓여 있고, 당신이 이 탁자에 대해 조사하였다고 하자. 당신은 이 탁자와 관련한 정보를 수집하고, 다음과 같이 보고할 것이다. 첫째, 이 탁자는 가로×세로×높이의 길이가 2m×0.9m×1m이다. 둘째, 이 탁자는 진한 갈색 빛깔을 띠고 있다. 셋째, 이 탁자는 떡갈나무로 만들어졌다. 넷째, 이 탁자의 시장가격은 25만원이다. 이 네 가지 탁자에 관한 정보 가운데 그 속성이 다른 것과 질적으로 상이한 것이 하나 있다. 무엇일까? 다름아닌 네 번째 가격에 관한 정보이다. 앞서 탁자에 관한 3개의 속성은 탁자 자체의 물적 속성에 다름아니다. 그러나 네 번째 속성은 시장가격 배후에 하나의 특정한 사회적 관계가 존재하고 있음을 암시하고 있다. 어느 대상이 가격을 갖는다는 것은 그 이면에 가치의 존재를 전제하는데, 주지하다시피 가치는 하나의 특정한 사회적 관계였다. 이러한 사회적 관계는 단순한 물적 속성 혹은 사용가치적 속성과는 분명하게 구분된다. 그러나 상품 물신성이 만연한 세계에서는 이러한 가치적 속성 역시 크기나 색깔, 재질 등과 마찬가지로 물적 속성의 하나로 인식된다. 마르크스에 의하면,

> 생산자들이 교환할 때 먼저 실제로 관심을 갖는 것은 자기 생산물이 타인의 생산물을 얼마만큼 얻을 수 있는가, 즉 어떤 비율로 생산물들이 교환되는가다. 이 비율이 관습에 의해 어느 정도의 안정성을 얻게 되면, 그 비율은 노동생산물의 본성에서 나오는 것처럼 보인다. 그리하여 예컨대 1톤의 쇠와 2온스의 금이 가치가 같다는 것은, 1그램의 금과 1그램의 쇠가 물리적 화학적 속성의 차이에도 불구하고 같은 무게를 가진다는 사실처럼 자연스럽게 생각한다(『자본 1(상)』, 97).

아리스토텔레스는 자신의 시대적 한계로 인해 추상적 인간노동이 특정 사회적 관계를 내포하고 있다는 사실에 도달하지 못하였지만, 상품생산자들은 이러한 제약이 없음에도 불구하고 물신성에 사로잡혀 가치의 실체가 사회적 관계라는 인식에 실패하게 된다.

독일의 비판이론가였던 T. 아도르노와 M. 호르크하이머

에 따르면 상품생산사회의 계산적 이성에는 야만이라는 싹이 돋고 있다.

> 시민적 상품 경제가 확대되면서 신화의 어두운 지평은 계산적 이성의 태양에 의해 환히 밝혀졌지만 이 이성의 차가운 빛 아래서는 새로운 야만의 싹이 자라난다(T. 아도르노, M. 호르크하이머, 2001, 65).

그리고 이 야만이라는 싹의 한 변종이 다름아닌 물신이라는 몽매이다. 상품생산사회에서 인간은 오직 비인격적인 물을 매개로 해서만 다른 인간과 유대를 맺을 수 밖에 없으며, 이러한 인간 관계의 물화(物化)는 야만의 싹을 키운다. 물신은 이 야만의 형제이다.

6.3 상품생산사회, 봉건사회, 자유로운 개인들의 연합사회

노동생산물이 가치를 지니기 위해서 반드시 그것은 상품의 형태를 가져야 한다. 노동생산물이 상품형태로 전환되는 과정에서, 동시에 가치는 화폐라는 물적 형태를 얻게 된다. 상품이 생산물의 일반적 형태가 되고, 화폐가 부의 일반적 형태가 되는 현실은 처음부터 주어진 것이 아니다. 그것들은 특수한 역사적 시기나 사회적 환경 아래에서만 성립한다. 그러나 사람들은 물신성에 빠져 이러한 특정한 사회적 조건을 자연상태에서도 언제나 존재하는 속성인양 오인한다.

1980년대 영국의 수상이었던 M. 대처는 사회라는 것은 존재하지 않으며, 그것은 허구나 환상에 불과하다고 치부한 적 있다. 그녀의 주장에 따르면 유일하게 실재하는 것은 개인뿐이다. 그러나 개인이 실재하는 것만큼이나 사회 역시 실재한다. 사회의 실존 형태는 다름아닌 사회적 관계이다. 어느 사회형태이든 사회가 구성되고 지속적으로 재생산되기 위해서는 상호연관이라는 사회적 관계가 요구된다. 이러한 상호연관은 또한 일관적이어야 한다.

> 그들의 활동들이 사회에 접합되기 위해서는 상호연관이 이루어져야 한다. 그리고 사회가 총체로 기능하기 위해서는 그 활동들은 적어도 최소한의 균일성을 포함하여야 한다. 이 일관성은 의식적일 수도 있고 무의식적일 수도 있다. 그러나 그것은 있어야 한다. 그렇지 않으면 사회는 생존할 수 없을 것이며 개인들은 서로에 대한 복합적 의존들로 인해서 파멸을 면치 못할 것이다(A. J. 레텔, 1986, 20).

상품생산사회는 매우 고유한 방식으로 이 상호연관의 문제를 해결하는데, 재생산상의 상호의존성과 추상노동의 교환이 바로 이에 해당한다(이것들은 앞서 절에서 각각 제1, 제2의 사회적 관계로 명명된 바 있다). 이러한 사회적 관계의 특수성을 규명하기 위해 상품생산사회형태를 비상품사회형태와 비교할 필요가 있다.

상품생산사회 이전의 사회형태, 예를 들어 봉건사회의 경우 사회적 총노동이 배분되는 원리는 사회적 관습이나 전통적 관례, 노골적인 권력관계 등에 의존하였다. 이러한 조건에서 한 개인이 타인의 노동이나 노동생산물을 취득하고 소비하는 방법은 공납과 부역이었다. 농노 역시 타인, 즉 영주와 성직자를 위해 노동하지만, 상호의존성이라는 사회적 관계를 실현하기 위해 상품교환이라는 방법에 의존하지 않았다. 이러한 거래양식 아래에서 개인들과 개인들 사이의 빈틈을 메워주고 사회를 구성하게 만드는 수단은 폭력과 관습이었다. 영주와 성직자들은 무력과 종교 관행을 앞세워 농노가 생산해낸 생산물의 일부를 전유할 수 있었다.

반면 생산과 소비의 재생산과정이 분업과 교환에 기반한 상품생산사회의 경우, 인간들 간의 사회적 관계에 독특한 변화가 발생한다. 농노와 마찬가지로 상품생산자 역시 타인을 위해 생산에 참가한다. 그러나 그것을 실현하는 형태는 상이하다. 이제 사회적 총노동의 배분 원리는 시장의 상품교환에 의해 규제된다. 따라서 한 개인이 타인의 노동생산물을 획득하는 방법은 오로지 동일한 가치의 자기 노동을 제공하는 것뿐이다. 이제 봉건사회를 구성하였던 사회적 매질인 폭력과 관습을 대신해 추상노동이 등장한다. 매질이란 어떤 물리적 작용을 한 곳에서 다른 곳으로 전달하는 매개물(mediation)을 말한다. 상품생산사회에서 개인과 개인을 이어주는 매질은 오직 노동 밖에 없다. 그리고 이 노동은 교환을 위해서 언제나 추상적 상태로 전환될 수 있어야 한다. 이것이 상품생산사회의 사회적 관계이고 마르크스는 이 관계 그 자체를 가치라고 명명하였다. 아래의 〔표16〕은 두 사회형태를 비교하고 있다.

〔표16〕 봉건사회와 상품생산사회

사회유형	제1의 사회적 관계 (사회적 생산)	제2의 사회적 관계	
		(거래양식)	(사회적 매질)
봉건사회	영주와 성직자를 위한 생산	부역 및 공납	폭력과 관습
상품생산사회	다른 상품생산자를 위한 생산	상품 교환	추상적 노동

두 사회유형 모두 상호의존성이라는 (제1의) 사회적 관계

에 기반하지만, 이 목적을 실현하기 위한 (제2의) 사회적 관계는 상이하다. 봉건사회의 경우 그것은 인격적 예속(부역과 공납)에 기반해 있는 반면, 상품생산사회의 경우 생산자 상호 간의 독립성(상품 교환)에 기반한다. 전자의 경우 개인들 간의 사회적 관계가 매우 분명하고 투명한데, 왜냐하면 사회적 총노동의 배분이나 경제적 재생산을 위해 요구되는 경제적 거래양식이 대면적이고 직접적인 형태이기 때문이다. 비록 억압적인 토대 위에서 경제적 거래양식이 조직되었지만, 농노 개인의 사적 노동은 처음부터 사회적 총노동의 일부이고, 사회적 유용성은 생산 개시 이전부터 인정된다. 반면 후자의 경우 개인들 간의 사회적 관계는 모호하고 불투명한데, 이는 그 거래양식이 상품교환이라는 우회적 경로를 경유하기 때문이다. 상품생산자의 사적 노동은 교환을 통해서만 사회적 총노동의 일부로 인정받고, 교환을 거쳐야 지출된 노동의 유용성이 입증된다. 이러한 이유로 전자가 아닌 후자에서만 물신성이 발생한다.

『자본』의 최초 장에서 마르크스는 제2의 사회적 관계인 추상노동을 근육과 신경, 두뇌, 손의 지출로 설명한다. 모든 개별 구체적 노동이 추상화라는 용광로 속에 던져지는 과정은 인간노동일반으로 환원되는 과정인데, 이를 마르크스는 생리학적 과정으로 묘사하였다. 그는 방직 노동과 재봉 노동을 이러한 방식으로 환원함으로써, 아마포와 저고리 사이의 교환비율을 확정하였다. 적어도 『자본』 제1장 제1절은 이러한 접근을 채택하고 있다.

그러나 마르크스는 같은 장 제4절 물신성 분석에서 이러한 접근방식을 스스로 포기한다. 모든 노동을 생리학적 단위로 분해하는 것은 분명 가치의 실체를 정의하는 최선의 방법인 것으로 보였다. 그러나 사실 이 접근은 가치를 올바르게 규정하는 방법이 아니다. 왜냐하면 인간노동의 생리학적 지출은 구체적 유용노동이 추상적 노동으로 전환되는 과정의 한 차원이지만, 이것 자체가 가치, 즉 사회적 관계를 구성하지는 못하기 때문이다. 노동이 '추상적'이기 위해서는 반드시 '사회적'이어야 한다. 이러한 이유로 마르크스는 추상적 노동의 정의를 생리학적인 접근에서 사회관계적 접근으로 전환하였다. 요컨대 가치는 생리학의 문제가 아니라 사회관계의 문제이다.

사실 중세 농노들의 노동 역시 생리학적으로는 상품생산자의 노동과 구별되지 않는다. 두 노동 모두 근육과 신경, 두뇌와 손의 생산적 지출로 이루어지기 때문이다. 그러나 앞서 [표16]에서 다시 확인해 볼 수 있듯이 두 사회의 사회적 관계는 전적으로 상이하다. 가치라는 경제적 범주는 오직 상품생산사회에만 적용된다. 특정한 사회적 관계를 물 그 자체의 속성으로 오인하는 물신성도 오직 상품생산사회에서만 발생한다. 그럼에도 추상노동에 대한 생리학적 접근이 어느 정도 유용한 것도 사실이다. 불이 난 집에서 아이를 깨워 밖으로 내보내기 위해 우리는 아이에게 집 바깥에 사탕이 있다고 이야기한다. 물론 이는 거짓이지만, 동시에 유용하고 필요한 거짓이다. 다양한 구체적 인간노동들이 생리학적 차원에서 인간노동일반으로 환원된다는 『자본』 제1장 1절에서의 접근은 사회적 관계와 전혀 무관하지만, 교환과 그 조건인 통약성에 대한 직관적 이해에 도움이 될 수 있다. 그러나 생리학적 접근은 마치 뗏목과 같다. 강을 건너고 난 뒤 뗏목이 불필요하듯이 상품생산사회의 사회적 관계를 파악하고 난 뒤에는 생리학이 불필요하다.

상품생산사회의 가장 발달한 단계인 자본주의사회의 경우, 이제 한 개인은 어제는 방적공이었지만 오늘은 재봉사가 된다. 직종 간의 경계가 사라져 노동의 추상성과 다능성이 높아지는 것은 오직 특정한 시기, 특정한 관계에서만 가능한 일이다. 따라서 노동의 추상화 및 단순화 그 자체가 특수한 사회적 관계를 의미한다. 바로 이 점이 아리스토텔레스 에피소드의 핵심 메시지가 아니던가? 다시 강조하건대 가치는 사회적 관계이지 생리학이 아니다. 만일 가치를 생리학적 개념으로만 이해한다면 이 역시 또다른 유형의 물신이다.

상품생산사회와 코뮤니즘 사회를 비교하는 것은 상품생산사회와 봉건사회를 비교하는 것보다 더 어려운 과제이다. 왜냐하면 봉건사회와 상품생산사회와 달리 코뮤니즘 사회는 아직 인류가 경험해보지 못한 미지의 영역이기 때문이다. 그럼에도 불구하고 사회형태 비교에 관한 우리의 논의를 완성하기 위해 다소 과감하게나마(그리하여 불가피하게 더 거칠게나마) 두 사회유형을 비교해보도록 하자.

19세기 독일의 작가였던 F. v. 쉴러는 자신의 저서 『인간의 미적 교육에 관한 서한』에서 인간 사회의 진보 단계를 다음과 같이 나누었다; (1)모든 개인들이 어떤 제약도 없이 무질서하게 자기 내키는 대로만 행동한다면, 이는 미개의 사회 상태에 해당한다. 반면 (2)독재자 개인이 게임의 규칙을 정하고 모든 개인들 위에 군림할 경우, 이는 야만의 사회 상태에 해당한다. 한편 (3)모두가 합의한 게임의 규칙을 자발적으로 준수하면서, 개인들이 자유롭게 행동하는 것도 가능하다. 이 경우 개인이 자유를 향유하면서도 사회는 안정적인 질서를 유지할 수 있다. 미래 인간사회의 바람직한 이상으로 제시되었던 이 사회형태를 쉴러는 '자유로운 개인들의 연합(the association of free individuals)'이라고 불렀다. 마르크스는 『자본』에서 미래 코뮤니즘 사회의 명칭으로 이 용어를 사용하였다.[52]

자유로운 개인들의 연합사회는 상품생산사회와는 달리 생산에 요구되는 설비나 건물이 개인적으로 소유되는 대신, 사회적 공적으로 소유된다. 따라서 사유재산권이라는 진입장벽이 사라지고, 생산적 자산 전체는 전체 구성원들에 의해 공동관리된다. 그러나 이 연합사회는 여전히 사회적 분업의 체계를 유지해 나갈 공산이 크다.[53] 따라서 사회적 총노동의 분업적 배분체계가 지속적으로 작동한다(그럼에도 분업은 더 느슨하게 작동할 것인데, 왜냐하면 개인은 상품생산사회나 자본주의사회의 경우처럼 하나의 직종이나 활동에 평생 고정 붙박이로 살지 않고, 직업과 활동의 선택은 더 유연하고 폭넓으며 자유로울 것이기 때문이다). 상품생산사회는 사회적 총노동의 배분을 맹목적이고 무정부적인 시장교환에 의존해왔다. 그러나 연합사회는 보다 의식적인

---

52 쉴러의 '자유로운 개인들의 연합' 개념을 소개해준 홍승용 교수에게 감사드린다.
53 "사회가 전반적인 생산을 조절하며, 그 결과 나는 오늘은 이것을, 내일은 저것을, 아침에는 사냥을 하고, 오후에는 고기를 잡고, 저녁에는 목축을 하며, 저녁식사 후에는 비평을 하는 것이 가능하다. 내가 사냥꾼, 어부, 양치기 또는 비평가가 되지 않고, 단지 마음만 먹어도 말이다." 『독일 이데올로기』의 이 구절을 두고 많은 사람들은 코뮤니즘 사회가 분업이 폐지된 사회로 이해하여 왔다. 그러나 "그들은 이 구절이 푸리에의 오래되고 잘 알려진 생각을 재구성한 것이며, 엥겔스가 채택했지만 마르크스가 거부한 것도 알지 못했다(M. 무스토, 2022, 63)."

계획의 원리를 사용하여 총노동을 배분한다. 즉 연합사회는 이전의 거래양식인 시장교환을 극복하였고, 이를 대신해 정치적 과정을 통해 생산물을 분배한다.[54]

연합사회가 재산권을 폐지하고 교환을 포기하였음에도 불구하고, 사회적 총노동의 배분은 지속된다. 그런데 연합사회는 총노동의 배분계획 작성에 여전히 노동시간 단위를 채택한다. 그러나 생산자 각 개인의 사적인 노동시간은 처음부터 사회적인 것으로 인정된다. 이로서 각 개인은 교환을 거치지 않고서도, 각자의 개별 노동이 사회적 총노동의 일부임을 인정받게 된다. 화폐가 필요했던 이유는 개별 노동이 총노동의 일부이고, 사적 노동이 사회적 노동이라는 것을 인정받기 위해서였다. 그러나 연합사회의 사회적 관계 아래에서는 이러한 인정이 처음부터 불필요하므로, 화폐 역시 어느 순간엔가 소멸한다.

노동시간은 사회적 총노동 배분의 회계기준으로 사용될 뿐 아니라, 각 개인의 분배 몫 결정에도 활용된다. 사회적 총

---

[54] I. I. 루빈은 이를 다음과 같이 묘사하고 있다. "사회주의 사회는 물(物)들을 그것들의 동등화 과정에서 그 생산에 투하된 노동에 정확하게 비례하여 평가하지 않는 것이 분명하다. 예를 들어 사회 정책의 목표에 의해 인도되는 사회는 광범한 대중의 문화적 필요를 충족시키는 물에 대해서는 낮은 평가를, 사치품에 대해서는 높은 평가를 의식적으로 도입한다(I. I. 루빈, 1989, 124)."

생산물의 일부가 재난에 대비한 예비자금과 연합의 공동 사업 기금으로 적립된 이후, 그 나머지는 사회성원들에게 소비기금으로 분배된다. 이 경우 각 개인은 자신이 개별적으로 지출한 노동시간에 비례하여 사회적 생산물을 배분받게 된다. 시장의 원리가 사라졌으므로 이제 사회적 필요노동시간이라는 규범으로 개인 노동을 평가하지 않는다.[55]

상이한 이 두 사회 형태의 사회적 관계를 비교한 것이 아래 〔표17〕이다. 연합사회의 경우, 노동시간이 사회의 중요한 경제적 계산단위임에도 불구하고, 노동생산물은 상품의 형태를 띠지 않을 것이고, 사회의 부는 가치나 그것의 물적 형태인 화폐의 모습을 띠지 않을 것이다. 여전히 각 개인들은 타인을 위한 사회적 생산에 참가하지만, 이 목적을 실현하기 위해 교환이 아니라 계획의 방식이 사용될 것이다. 이제 모

---

55 자유로운 개인들의 연합사회는 상품생산에 기반하지 않으므로 가치는 존재하지 않는다. 따라서 가치의 크기 척도인 사회적 필요노동시간 기준 역시 소멸할 것이다. 그러나 여전히 사회의 재생산이 자연의 제약 아래 놓여질 경우, 사회는 노동 배분을 위해 사회적 필요노동시간 기준을 활용할 수도 있다. 자본주의 단계를 넘어섰지만 사회가 계속하여 필연의 왕국 영역에 놓인다면, 자유로운 개인들의 연합이 아직 전면적으로 수립되지 않았다면, 사회적 필요노동시간이 가치로 대상화되지 않으면서도 계획의 회계기준으로 사용될 것이다. 이 주제에 관한 최근 논의로는 정성진, 2020, 3장을 참고할 것. 저자는 이 글의 주장과는 다르게 자유로운 개인의 연합이 완성된 이후에도 사회적 필요노동시간 기준이 요구될 것이라고 보고있다.

[표17] 상품생산사회와 자유로운 개인들의 연합사회

사회유형	사회관계 (소유권 제도)	사회관계 (거래양식)	회계 및 분배 단위
상품생산사회	사적 소유	상품교환	사회적 평균노동시간
자유로운 개인들의 연합사회	사회적 공적 소유	계획	개별 노동시간

든 사회적 관계는 투명하고 따라서 물신성은 소멸한다.

인류는 봉건사회라는 야만의 단계를 지나고, 상품생산사회라는 미개의 단계를 너머, 드디어 자유로운 연합의 단계에 도달한다.

6.4 화폐 물신성

> 화폐는 인간에게 낯선 인간 노동의 본질이자, 인간에게 낯선 인간 현존의 본질이다. 이 낯선 본질이 인간을 지배하며 인간은 그것을 숭배한다(K. 마르크스, 2015, 70).

화폐란 가치가 금이라는 특정한 물적 대상에 깃들어 있는 것을 말한다. 가치가 실재하기 위해서는 어떤 형식이 필요한데 그 형식이 최종적으로 진화한 것이 바로 화폐이다. "말씀이 사람이 되시어 우리 가운데 사셨다(요한복음 1:14)"라는 성서의 구절처럼 가치가 육화(肉化, incarnation)된 것이 화폐이다. 금화폐는 다음 두 가지 차원을 동시에 가진다.

(1)최초의 화폐였던 금화폐의 경우 그 자신이 상품이므로 당연히 다른 상품의 경우와 마찬가지로 (교환)가치를 갖는다. (교환)가치는 상품의 구성요소이기 때문이다. 금화폐가 다른 모든 상품의 가치를 비추는 거울의 역할을 수행할 수 있는 것은 이처럼 그 스스로가 상품으로서의 가치를 가지기 때문이다. 그것은 가치를 가지므로 다른 상품들의 가치를 대변할 수 있다.

(2)그러나 금화폐는 동시에 아주 특별한 상품인데 왜냐하면 발달한 상품경제에서 화폐만이 가치의 거울 기능을 수행하기 때문이다. 다른 상품들로부터 금화폐를 분리함으로써, 일반상품이 사용가치를 대변하고 금화폐만이 가치를 배타적으로 대변하게 함으로써, 상품경제의 모순이 비로소 해결될 수 있었다. 화폐가 이러한 가치의 거울 혹은 (마르크스 자신의 표현을 따르면) 가치의 저울 역할을 수행하기 위해서[56] 특별한 자격이 부여된다. 그것은 바로 직접교환가능성이다. 오직 화폐만이 모든 상품생산자가 언제나 수용하는

상품이며, 단 한번의 도약(거래)만으로 최종 소비대상을 획득할 수 있는 상품이다. 오직 금화폐 채굴에 투하된 노동만이 그 자체로 사회적 노동으로 인정된다. 화폐생산노동은 자동적으로 처음부터 교환없이 사회적 승인과정을 획득한 노동이다.

그런데 바로 이러한 사정들(금의 특수한 기능 혹은 특권적 지위)로 인해 상품 생산자들은 금화폐의 현물적 실존형태(금이나 귀금속 그 자체)를 가치로 인식하기 시작한다. 그러나 이는 확실히 오류인데 왜냐하면 금화폐는 내재적 가치를 가지고 있고, 이로써 가치를 대변하지만, 가치일반 그 자체는 아니기 때문이다. 우리는 메신저와 메신저를 보낸 이를 구분하여야 한다. 금화폐와 관련한 이러한 인식상의 오류를 **화폐 물신성**(money fetishism)이라고 부른다. 화폐 물신의 결과 이제 사람들은 화폐기능 (2)의 기원은 (1)에 있지만 이러한 연관을 무시하고 오직 기능 (2)만을 고집하게 된다.

---

56 "우리가 이 두 물체를 저울 위에 놓을 때, 우리는 그들이 무게라는 점에서는 동일하며, 따라서 일정한 비율을 취하면 동일한 무게를 가진다는 것을 확인하게 된다. 추라는 물체가 무게의 척도로서 덩어리 사탕과 맺는 관계에서 오직 무게만을 대표하는 것과 마찬가지로, 우리의 가치표현에서는 저고리라는 물체가 아마포와의 관계에서 오직 가치만을 대표한다(『자본 I(상)』, 72-73)." 등가형태인 저고리가 발전하여 최종적으로 화폐가 등장한다. 따라서 화폐는 가치의 저울이다.

발달한 상품경제에서 상품 물신성이 불가피하였듯이, 화폐 물신성도 불가피하다. 상품생산자들의 멘털리티 안에서 가치가 현물로 이해된 것처럼, 가치는 귀금속으로도 이해된다. 그런데 사실 여기에는 그럴만한 이유가 있다. 사람들은 등가형태에서 출발하여 보편적 등가물을 거쳐 화폐로 이행하는 가치형태의 진화과정 전체를 관찰하지 못하고, 대신 최종 결과물(금화폐)만을 목도하기 때문이다. 마르크스에 따르면

> 외관상으로 나타나는 것은, 다른 모든 상품들이 자기들의 가치를 하나의 특정한 상품으로 표현하기 때문에 그 특정 상품이 화폐로 되는 것이 아니라, 반대로 한 상품이 화폐이기 때문에 다른 모든 상품들이 일반적으로 자기들의 가치를 그 상품으로 표현한다는 것이다. 이 과정을 이렇게 이끌어 온 운동은 운동 그것의 결과에는 나타나지 않으며 아무런 흔적도 남기지 않는다. 이리하여 상품들은 아무것도 하지 않으면서도 자기 자신의 가치모습을 〔자신들의 외부에서 자신들과 나란히 존재하는〕 하나의 상품체에서 발견하게 된다. 이 상품체, 즉 금 또는 은은 지하로부터 나오자마자 모든 인간노동의 직접적 화신으로 된다. 여기에 화폐의 신비성이 있다(『자본 1(상)』, 121).

이는 마치 영화관에 들어가자 마자 잠이 들어버렸고 영화

가 끝나는 장면에서야 깨어난 사람의 경우와 유사한다. 가치형태의 마지막 단계만을 보고 있는 사람과 영화의 마지막 엔딩 장면만 보고 있는 사람은 모두 전체의 큰 구도나 줄거리를 놓치므로 오해를 하기 쉽상이다.

화폐 물신의 현실적 귀결은 상품생산자들의 화폐숭배이다. 일반상품의 사용가치가 그 소비과정에서 발생하는 유용성이라면, 화폐상품의 사용가치는 직접교환가능성(교환매개수단)과 가치축장가능성(퇴장화폐)이다. 직접교환가능성으로 인한 화폐의 특수한 효능을 보고 상품생산자들은 감탄하고 숭배하기 시작한다. 이러한 화폐의 기본적 기능에 화폐의 축장기능이 더해지므로 사람들의 화폐숭배 및 축적욕구는 더욱 더 증대한다.

그런데 발달한 상품생산사회인 자본주의 경제에서는 화폐의 사용가치가 또 하나 추가된다. 화폐가 자본으로 즉, 가치증식에 사용되는 것이다. 자본이란 자기증식하는 가치인데, 화폐가 이 가치를 대변하기 때문이다. 화폐를 대부하거나 아니면 직접 생산을 위해 선대할 경우, 이자나 이윤 수입이 발생한다. 화폐는 이제 자본으로서 상품이 된다. 이러한 상황을 마르크스는 다음과 같이 묘사한다.

> 자본주의적 생산의 기초 위에서는 화폐―실제로 화폐로 존재하거나 상품으로 존재하는 어떤 가치액의 독립적 표현이라고

여겨진다—는 자본으로 전환될 수 있으며, 이 전환에 의해 화폐는 주어진 고정적 가치에서 자기 자신을 증식시키고 증가시키는 가치로 된다. 화폐는 이윤을 생산한다. 즉 화폐는 자본가로 하여금 노동자들로부터 일정한 양의 부불노동·잉여생산물·잉여가치를 착취하여 사유화할 수 있게 한다. 이리하여 화폐는 화폐로서 가지고 있는 사용가치 이외에 추가적인 사용가치, 즉 자본으로 기능한다는 사용가치를 얻게 된다. 이 경우 화폐의 사용가치는 그것이 자본으로 전환되어 생산하는 이윤 바로 그것에 있다. 잠재적 자본, 이윤을 생산하는 수단의 속성에서 화폐는 상품이, 그러나 특수한 종류의 상품이 된다. 또는 같은 이야기이지만, 자본으로서 자본이 상품이 된다(『자본 3(상)』, 430, 주54).

자본은 지금 사물이지만 사물로서 자본이다. 화폐는 지금 사랑에 몸부림치는 사물이다. 화폐가 대부되자마자 또는 재생산과정에 투하되자마자... 화폐가 잠을 자든 안자든 집에 있든 여행을 하든 낮이든 밤이든, 화폐에는 이자가 생긴다. 이리하여 이자낳는 화폐자본(그런데 모든 자본은 그것의 가치표현에서 보면 화폐자본이며, 또는 모든 자본은 지금 화폐자본의 표현으로 여겨지고 있다)은 화폐퇴장자의 가장 경건한 소망을 실현시키고 있다(『자본 3(상)』, 501-502).

화폐가 가치의 자연스러운 형태이자 가치의 증식에 필수적인 수단으로 인정됨으로써 사람들의 화폐 숭배는 배가(倍加)된다. 이제 화폐는 가치의 교환수단이자, 가치의 저장수단이고, 동시에 가치의 증식수단이다. 이로써 화폐물신성도 완성된다. 그 결과 다음 두 가지 상황이 동시에 발생한다.

(1)화폐는 그 스스로 인격화된다. 상품화폐경제 이전의 사회형태에서는 사람들이 직접 서로 대면하고 대립한다. 농노는 영주 및 성직자와 인격적으로 대면하고, 그들의 직접 지배 아래 놓이게 된다. 그러나 상품생산사회에서는 개인들이 다른 개인들과 마주하는 대신, 자신들이 생산해낸 상품과 그리고 그것의 특권적 형태인 화폐와 대면하게 된다. 상품생산자 개인은 다른 개인이 아니라 오직 교환과 경쟁의 권위에만 복종하고, 상품교환과 화폐축장에만 몰두한다. 이제 상품과 화폐와 같은 사물들이 마치 생명이 있는 것처럼 자립적인 힘을 얻게 되고 인간을 지배하기 시작한다. 인간 노동의 산물과 그것의 가치 표현인 화폐가 주인이 되고 인간은 그 종이 된다.

(2)이제 반대로 인격은 화폐로서만 표현된다. 상품생산사회에서는 상품과 화폐를 더 많이 보유한 사람이 더 큰 사회적 힘을 행사할 수 있다. 인간은 자신의 고유한 인격이나 덕성으로 영향력을 행사할 수 없고, 화폐에 대한 지배력을 통해서만 영향력을 발휘한다. 화폐를 통해 우리는 사랑이나 우정, 존경조차 구매할 수 있다. 우리는 그 사람을 사랑하는 대신 그 사람이 가지고 있는 화폐를 사랑하게 된다. 자본주

의 경제에서 이 화폐는 자본의 형태를 가지게 되고 따라서 더 많은 자본을 가진 사람이 더 큰 존경과 힘을 얻게 된다.

마르크스는 이 각각을 물상의 인격화와 인격의 물상화라고 명명하였다(5.6절, 190쪽 인용문 참고). 이러한 양방향의 과정을 통해 인간은 인간 자신의 생산물로부터 소외된다.

6.5 화폐 통약성과 인간소외

화폐가 가치의 거울(가치척도기능)로, 그리고 가치의 용기(容器, 가치축장기능)로 사용되는 것은 그것이 가지는 고유한 매개적 속성 때문이다.

화폐는 그 출발점이 등가형태였으며 이 등가형태는 가치의 거울이었다. 왜냐하면 등가형태란 상품의 사용가치가 다른 상품의 가치를 표현하는 기능이기 때문이다. 이 경우 사용가치가 자신의 대립물인 가치의 현상 형태가 된다. 등가형태로부터 발전한 화폐는 그것의 사용가치가 가치와 연결되는 특수한 상품이다. 상품경제의 발달과정에서 필연적으로 화폐가 등장하면, 이제 상품 세계는 일반상품과 화폐상품으로 분열된다. 이를 통해 상품의 두 속성 간 모순, 즉 가치와 사용가치 간의 모순은 상품과 화폐 간의 모순으로 외화된다. 화폐는 이러한 외화를 거치면서 자신의 사용가치를 매개로 하여 가치와 사용가치를 중계하고 이로써 상품세계의 기본모순을 해결한다.

화폐가 가치의 거울로 기능하는 과정에서 화폐의 사용가치가 중요한 역할을 수행했던 것처럼, 가치의 용기로 사용되기 위해서도 그 사용가치가 중요하다. 화폐는 독특한 방식으로 부(富)의 사적 성격을 사회적 성격으로 전환시켜주는 속성을 갖는다. 개인의 사적인 부는 오직 화폐와 교환됨으로써만 혹은 화폐로 매개됨으로써만 사회적 부로 실현된다. 사적인 부와 사회적인 부 사이의 대립을 해소하는 것이 화폐의 또다른 사용가치이다. 부를 통한 개인의 사회적 영향력 행사는 그가 축장해둔 화폐에 의해 실현된다. 엥겔스에 따르면

> 사회의 부는 오직 그것의 사적 소유자인 개인들의 부로서 구성된다. 부는 이런 개인들이 자기들의 욕구를 충족시키기 위해 질적으로 서로 다른 사용가치들을 상호교환한다는 사실에 의해 사회적 부로 나타날 뿐이다. 자본주의적 생산에서는 개인들은 오직 화폐를 매개로 교환을 행할 수 있다. 따라서 화폐를 매개로 개인의 부는 사회적 부로 실현된다. 이 부의 사회적 성격은 화폐라는 이 사물에 체현된다(『자본 3(하)』, 736).

등가형태가 가치와 사용가치 간의 모순을 해결하였다면,

(위 인용에서 부로 표현된) 축장수단은 사적인 부와 사회적인 부 사이의 모순을 해결한다.

요컨대 화폐는 등가형태와 축장수단 기능을 통하여 상품생산사회의 고유한 모순들을 해결하는데 이러한 해결은 화폐상품의 사용가치적 속성에 기인한다. 일반상품의 경우 사용가치 측면은 구체적 현물적 차원에 속하는 반면, 가치 측면은 추상적 통약적 차원에 속하며, 이 둘은 철저히 분리되어 있다. 그러나 예외적으로 화폐상품은 사용가치 측면 역시 수량화 가능한 차원에서 정의된다. 바로 이러한 화폐의 고유한 속성으로 인해 등가형태라는 사용가치 및 축장기능이라는 사용가치가 가치와 관련을 맺게 된다. **화폐의 근본적 사용가치는 보편적 양화(quantification) 혹은 통약화(commensurability) 기능인데**, 이는 사용가치 측면과 가치 측면을 연결하는 유일한 매개의 역할을 수행한다. 화폐가 매개된다면 모든 것이 통약가능해진다. 화폐는 통약불가능한 것을 통약가능한 것으로 전환시킴으로써, 모든 불가능한 것들을 가능한 것들로 전환시킨다. 마르크스에 따르면

> 용감함을 구매할 수 있는 사람은 비록 그가 비겁하다 할지라도 용감한 사람이다. 화폐는 특정한 질, 특정한 사물, 특정한 인간적 본질력과 교환되지 않고 인간적 자연적 대사적 세계 전체와 교환되기 때문에, 화폐는──그 소유자의 관점에서 보

자면—모든 속성을 모든 속성과—그 속성과 모순되는 속성 및 대상까지도—교환한다. 화폐는 불가능한 일을 친숙한 것으로 만들며, 자신과 모순되는 것들로 하여금 자신과 입맞추도록 강요한다(K. 마르크스, 1991, 90-91).

상품생산사회에서 모든 경제적 거래(상품 교환)는 언제나 화폐를 매개로 한다. 이 사회에서 화폐는 인격화되고, 인격은 화폐화된다. 그리하여 이러한 유형의 거래양식은 인간들 사이의 본연의 비화폐적 사회관계에도 심대한 영향을 미친다. 그 결과 상품생산사회에서 개인은 다른 개인과 참다운 교류관계에 들어갈 수 없다. 왜냐하면 화폐는 우정과 사랑, 존경과 헌신과 같이 정의상 화폐와 무관한 사회적 관계에도 침투하기 때문이다.

상품생산사회에서는 두 개의 사랑, 즉 화폐에 대한 사랑과 인간에 대한 사랑이 병존한다.

(1)상품의 화폐에 대한 사랑. 상품은 화폐라는 거울을 통해 자신을 비추고 자신의 가치를 알게 된다. 상품은 화폐와의 교환을 통해 가치의 개별성을 극복하고 사회성을 획득하며, 잠재적 가치 상태를 너머서 가치 실현에 도달한다. 가치의 보편성을 획득하기 위해 상품은 화폐를 흠모하고 사랑에 빠지지만 이 사랑의 길은 멀고도 험난하다. 참되고 진정한 사랑은 플랜 B를 생각하지 않는 사랑이다. 상대방을 사랑한

다고 말하면서 다른 궁리를 한다는 것은 진정한 사랑이 아니다. 상품의 사랑은 화폐와의 교환 이외 다른 실현 방법이 존재할 수 없으며 따라서 그 사랑은 진정한 사랑이다.

(2)한 개인의 타인에 대한 사랑. 상품이 화폐를 사랑하듯이, 한 인간도 다른 인간을 사랑한다. 상품이 화폐와의 사랑을 통해 자기 가치를 알게 되고 보편성을 획득하듯이, 개인도 타인을 사랑함으로써 자기가 어떤 존재인지를 깨닫게 되고 자기라는 울타리를 너머서 우리라는 보편에 도달하게 된다. 인간의 사랑은 자발적인 자아 포기의 숭고한 형태이다. 이 개인의 사랑이 진정한 사랑이 되기 위해서는 화폐의 경우와 마찬가지로 다른 여지나 궁리가 없는 오직 사랑 그 자체이어야 한다. 여기에 타산적 이해가 개입된다면 그것은 진정한 사랑이라고 할 수 없다.

상품이 화폐를 사랑하건, 인간이 타인을 사랑하건, 어느 경우이든 모두 그것이 진정한 사랑이라면 반드시 보편에 도달하게 된다. 그러나 상품생산사회에서 이 두 사랑은 서로 양립할 수 없다. 화폐에 대한 진정한 사랑이 지배적일수록, 인간에 대한 진정한 사랑은 발 디딜 여지를 잃게 된다. 화폐를 향한 상품의 사랑이 참다울수록, 다시 말해 오직 화폐를 매개하지 않고서는 사회라는 보편의 세계에 도달하지 못할수록, 인간과 인간 사이의 사랑과 유대는 화폐에 의해 더욱 더 유린당한다. 화폐에 대한 사랑과 인간에 대한 사랑이 서로 맞부딪힐 때, 후자는 항상 전자에 무릎 꿇는다. 이제 소외된 보편이 참된 보편을 지배한다.

그러나 이러한 불행한 상태는 인간이 상품생산사회와는 다른 사회형태로 들어서면서 사라질 것이다. 예를 들어 자유로운 개인들이 연합한 사회에서는 상품생산과 화폐사용이 극복되고, 따라서 한 인간은 다른 인간과의 참다운 교류를 회복할 것이다.

> 인간을 인간이라고 전제하고, 세계에 대한 인간의 관계를 인간적 관계라고 전제한다면 너는 사랑을 사랑과만, 신뢰를 신뢰하고만 등등으로 교환할 수 있다. 네가 예술을 향유하기를 바란다면 너는 예술적인 소양을 쌓은 인간이어야 한다. 네가 다른 사람에게 영향력을 행사하고자 한다면 너는 현실적으로 고무하고 장려하면서 다른 사람에게 영향을 끼치는 인간이어야 한다. 인간―그리고 자연―에 대한 너의 모든 관계는 너의 의지의 특정한 대상에 상응하는, 너의 현실적 개인적 삶의 특정한 표출이어야 한다. 네가 사랑을 하면서도 되돌아오는 사랑을 불러 일으키지 못한다면, 즉 사랑으로서의 너의 사랑이 되돌아오는 사랑을 생산하지 못한다면, 네가 사랑하는 인간으로서의 너의 생활 표현을 통해서 너를 사랑받는 인간으로 만들지 못한다면 너의 사랑은 무력하며 하나의 불행이다(K. 마르크스, 1991, 90-91).

전통사회에서 사랑이나 존경은 권위와 전통에 의해서 얻을 수 있었다. 상품생산사회에서 그것들은 화폐와의 교환으로 획득된다. 화폐는 그 고유한 통약적 성격으로 인해 이 세상 삼라만상과 모두 교환될 수 있다. 그것은 만물의 척도로서 사랑과 우정, 존경과 헌신까지도 가격을 매기고 매매를 강요한다. 사랑은 화폐와 교환되고, 우정도 화폐와 교환되며, 존경도 화폐와 교환되고, 헌신도 화폐와 교환된다. 그러나 자유로운 개인들이 연합한 사회에서는 맹목적 통약이 사라지고, 그 결과 사랑은 사랑하고만 교환되고, 우정은 우정하고만 교환되며, 존경도 존경하고만 교환되고, 헌신도 헌신하고만 교환된다. 시장의 가치법칙은 소멸되고 생산자들 간에 상품 교환은 중지되지만, 대신 인간들 사이에 미덕의 교환이 되살아난다. 따라서 개인들 사이의 교류방식은 화폐에 의해 매개되는 것이 아니라 공감과 의미의 공유로 채워진다.

7. 결론을 대신해: 이 모든 것의 의미

7. 결론을 대신해: 이 모든 것의 의미

　물질 세계의 가장 미시적 층위가 양자의 세계이듯이, 우리가 살고 있는 이 상품경제의 가장 깊숙한 심층부에 가치의 세계가 존재한다. 양자의 세계를 우리가 직접 인식할 수 없듯이, 가치의 세계 역시 우리의 인식 영역 바깥에 위치한다. 가치의 형이상학적 속성이 감각을 통한 파악을 불가능하게 만들기 때문이다. 그러나 양자적 규칙이 모든 물리적 현상의 기반으로 작용하듯이, 가치의 법칙 또한 모든 사회관계와 시장교환의 토대이다. 가치법칙에 의해 상품생산은 사회적 필요노동시간으로 규제되고, 상품교환은 등가원리로 강제되기 때문이다.

　양자물리학의 최근 연구결과에 따르면 이 양자적 현상의 궁극적 실체는 관계 그 자체인데, 흥미롭게도 이 점은 가치의 경우에도 마찬가지이다. 가치의 실체는 인간노동일반 혹은 추상적 인간노동이며 이는 다름아닌 사회적 관계이기 때문이다. 비록 양자 현상과는 달리 가치는 특정한 역사적 시기에만 존재하는 실체이지만, 그것이 관계이기는 매한가지이다. 그것이 물리적 세계이든 사회적 세계이든 관계만이 실체의 유일한 현실적 존재방식이다. 이것이 물리학과 정치경제학이 밝혀낸 사물의 근본적 질서이다.

7.1 표층과 심층의 세계, 가치 규정성

물리학자들은 이 세계를 구성하는 모든 대상들의 공통된 실체를 연구하는데 심혈을 기울여 왔고 그 결과 양자역학이라는 꽤 신뢰할만한 연구 결과를 내놓게 되었다. 만물의 이론(The Theory of Everything)이라고 불리는 이 접근에 따르면, 이 세계는 뉴턴의 거시세계와 보어의 양자세계로 분단되어 있다. 이와 형식적으로 유사하게 마르크스 역시 사회가 단일하게 구성되는 대신, 두 개의 서로 연관되어 있지만 동시에 상대적으로 독립된 층위들로 구성된다고 보았다. 이에 따르면 사회는 우리가 직접 관찰가능한 **표층의 세계**(Exoteric World)와 우리의 인식 바깥에 놓여진 **심층의 세계**(Esoteric World)라는 이중체계로 구성된다.[57]

---

57 표층과 심층이라는 용어 표현은 A. Lipietz, 1985에서 가져왔다.

표층의 세계에서 우리는 상품의 가격 변동이나 신용화폐의 공급 증감 등 다양한 현상들을 목도하게 된다. 이들 변동과 변화들은 단기적으로는 매우 불규칙하고 아무런 규제 원리가 없는 것처럼 보이지만, 마르크스는 이들이 장기적으로 심층의 가치에 의해 규제된다고 보았다. 그는 이 규제의 원리를 가치법칙이라고 명명하였다. 우리는 이미 3.2절에서 이 법칙의 세세한 내용을 살펴본 바 있다. 여기서 다시 그 법칙과 함의를 요약하면 다음과 같다; 가치법칙과 그로부터 유도되는 결론에 따르면 (1)상품과 상품 사이의 교환비율은 이들 상품생산에 지출된 노동량에 의해 결정되고(그리고 이로써 등가교환이 이루어지고) (2)개별 노동이 사회적 노동으로 인정받기 위해서는 반드시 교환을 거쳐야 하며 (3)발달한 상품화폐경제의 경우 교환은 화폐를 매개로 한다. 노동 혹은 가치의 이러한 규제자적 역할이 상품생산 시스템 전체의 가장 기본적인 게임의 규칙이다. 상품생산 사회의 참가자들의 행동은 이 게임의 규칙에 의해서 제약되며, 이 법칙에 무지한 참가자들에게 이 규칙은 맹목적으로 비추어진다.

이러한 가치의 규정성, 즉 노동이 가치를 결정하고 가치가 가격을 규정한다는 생각은 사실 대중의 상식에 일정 정도 부합하기도 한다. 사람들은 어떤 대상이 가치가 있다는 것을 그 대상의 획득과정에서 겪게 될 노고(toils and troubles)와 연관시킨다. 무언가를 얻기 위해 더 많은 고통과 난관, 어려움을 치러야 한다면 그것이 더 값어치가 있을 것이라는 점은 쉽게 수긍할 수 있는 주장이다. 대중들 역시 어렴풋하게나마 심층세계의 존재를 이해하고 있는 셈이다.

물론 어떤 대상의 가치를 인간활동과 연관시키는 것은 인간 종(種) 중심적인 사고방식일 수도 있는데 왜냐하면 인간 노력과 무관한 자연의 미(美) 역시 그 자체로 내재적 가치를 갖는 대상일 수 있기 때문이다. 거대한 산맥과 광대한 대양, 무한한 우주 앞에서 인간은 경탄과 경외심을 갖는다. 이들 대상들은 인간과 무관하게 스스로 가치를 갖는 대상이 될 수 있다. 그러나 노동가치적 사고는 '인간들'로 구성된 사회의 재생산 원리에 집중하므로 오직 인간 노동의 산물만이 유일하게 가치를 갖는다고 본다.[58]

---

[58] A. 센은 노동가치론이 형이상적이라는 주장을 비판하면서 노동가치론의 묘사적 해석(descriptive interpretation)을 강조한다. "센의 관점(그리고 그에 따르면 또한 돕의 관점)에 따르면 마르크스의 묘사 대상은 생산의 '인간적 활동'과 그것을 가능하게 하는 '인간들 사이의 관계'이다. 따라서 노동은 생산과정에서 유일하게 '생산적'이기 때문이 아니라, 생산과정에서 유일한 '인간적' 요인이기 때문에 선택되었다 ... 자본가와 노동자 사이의 노동일을 둘러싼 투쟁이나, 노동절약적 기술변화의 역할들에 대한 마르크스의 묘사는 센의 관점에서 타당한 지위를 얻을 수 있다(A. Sinha, 2010, 218)."

A. 스미스를 포함한 18세기의 사상가들은 이러한 대중의 상식을 좀 더 체계적으로 과학적 단계로 끌어올렸다. 비록 노동가치론을 사용하여 상업사회(commercial society)의 복잡한 경제적 현상을 '일관적으로' 설명하는데 실패하였지만(그는 문명사회에서는 더 이상 투하노동이 가치를 결정하지 않는다고 보았다), 그럼에도 스미스는 가치법칙의 기본적 아이디어를 정초하는데 크게 기여하였다. 그에 따르면 상업사회는 분업에 기반해 성립된 사회인데 따라서 생산과 소비는 분리된다. 그러나 하나의 유기체로서 사회는 반드시 재생산의 일관성과 완결성을 획득하여야 한다. 이러한 일관성은 교환에 의해 주어진다. 만일 사정이 이러하다면 우리는 상품간 교환비율이 분업체계의 노동배분과 비례적 관련이 있을 것이라는 점을 추론할 수 있다. 따라서 스미스에게 노동가치론은 분업에 대한 분석의 필연적 귀결이었다. 분업과 교환 사이의 이론적 연관에 관한 이 아이디어는 그 이후 영국 고전학파 경제학의 공리가 되었고 그 이론 체계의 전제가 되었다. 이제 표층에 대한 심층의 규정성에 관한 인식은 보다 더 분명해졌다.[59]

---

[59] J. M. 케인스에게도 이러한 심층 규정성은 선명하게 드러난다. 그에 따르면, "그러므로 나는 과거에는 공예로 불리곤 했지만 이제는 기술로 불리는 것으로부터 도움을 받는 노동에 의해, 희소성 또는 풍부함에

그러나 심층과 가치의 규정성을 최고의 과학적 경지에 끌어올린 이가 K. 마르크스라는 점을 부정할 수 없다. 그는 상품생산사회와 그에 기반한 자본주의 사회의 모든 경제적 거래와 활동들이 가치에 기반해 있고, 종국적으로는 이 가치에 의해 규제된다는 것을 분명히 하였다; 상품이 다른 상품에 대해 갖는 교환비율(교환가치)은 '가치'의 현상 결과이다. 화폐는 일반적 등가라는 특정한 사용가치 기능을 수행하는 '가치'이다. 자본은 자기증식하는 가치, 즉 잉여가치를 창출하는 '가치'에 다름아니다. 임금은 노동력 상품의 '가치'에 해당한다. 이윤, 이자, 지대는 잉여 '가치'로부터 파생된 소득 형태들에 불과하다(I. I. 루빈, 1989, 118).

물리적으로 이 세계의 모든 것들이 양자로부터 시작하고 세계도 이것들로 구성되듯이, 경제적으로 이 사회의 모든

따라 지대라는 비용이 매겨지거나 또는 무료로 제공되는 자연자원에 의해, 그리고 자산에 체현돼 있고 역시 희소성 또는 풍부함에 따라 가격이 매겨지는 과거 노동의 결과에 의해 모든 것이 생산된다는 고전 이전의 이론에 공감한다. 노동이라는 것은, 기업가들과 그들을 보조하는 사람들의 개인적인 기여도 물론 포함하여 일정하게 주어진 기술, 자연자원, 자본설비, 유효수요의 환경 속에서 작동하는 유일한 생산요소라고 보는 것이 바람직하다. 이렇게 하면 왜 우리가 일반적으로 경제체계에서 필요로 하는 물리적 단위인 화폐단위와 시간단위를 두고 노동단위를 채택하게 되었는지가 부분적으로 설명된다(J. M. 케인스, 2010, 262).

것들은 가치로부터 시작하고 사회도 이것으로 구성된다. **자본주의 상품생산사회는 오직 가치를 통해서만 구성된다.** 사회의 구성을 위해서는 사회의 공통성 혹은 통약성이 반드시 필요한데 자본주의에서는 가치가 이러한 요구를 충족시킨다. 표층에 대한 심층의 규정이란 바로 이러한 의미이다. 마르크스의 『자본』 1권의 첫 세 개의 장들은 궁극적으로 이 문제를 다루고 있다. 경제위기의 경우에도 이러한 규정성은 예외가 아니다. 이제 다음 절에서 우리는 앞서 검토한 금융위기를 가치의 규정성이라는 관점에서 해석하고자 한다.[60]

7.2 경제위기: 시스템 차원의 가치규정

심층의 표층에 대한 규정성은 경제위기에 대한 새로운 이해의 틀을 제공해준다. 마르크스는 『자본』 3권에서 표층의

---

[60] 서문에서 밝혔듯이 이 소책자 저술의 의도는 『자본』 1권의 첫 세 장에 관한 가이드이다. 그러나 우리는 다음 절에서 『자본』 3권에서 다루어지는 금융 및 신용위기에 관해 살필 것이다. 이러한 이론적 비약으로 인해 독자들은 다소 혼란스러울 수도 있을 것이다. 그러나 이러한 혼란을 감수하면서도 이 주제를 다루는 것은 금융 버블의 등장과 소멸이야말로 가치 규정성에 관한 더할나위 없는 통찰을 제공하기 때문이다.

세계를 종이의 세계(The World of Paper)라고 명명한 바 있다. 이 세계는 불환지폐, 채권, 주식, 약속어음, 은행신용화폐 등으로 구성된 세계인데 때때로 심한 폭풍우와 거대한 파도가 몰아치는 대양의 표면처럼 금융공황의 파고에 휩싸이기도 한다. 마르크스에 따르면 금융공황의 시기,

> 재생산과정의 상호관련 전체가 신용에 바탕을 두고 있는 생산 체제에서는, 신용이 갑자기 정지되고 현금지불만이 통용된다면, 지불수단을 얻으려는 격렬한 쇄도의 형태로 공황이 발발할 수밖에 없다는 것은 분명하다. 그리하여 첫눈에는 모든 공황은 단순히 신용·화폐공황인 것처럼 보인다. 사실상 이 신용·화폐공황은 어음을 화폐로 전환시키는 문제일 따름이다. 그런데 이 어음들의 대부분은 현실의 매매를 대표하고 있으므로, 이 매매가 사회적 필요를 훨씬 초과하여 팽창하는 것이 결국 모든 공황의 바탕을 이루고 있다 . . . 어쨌든 여기에서는 모든 것이 왜곡되어 나타난다. 왜냐하면 이 종이세계에서는 진정한 가격과 이것의 진정한 요소들은 어디에서도 보이지 않고 오직 금덩이·금속주화·은행권·어음·유가증권이 보일 뿐이기 때문이다. 이런 왜곡은 특히 한 나라 전체의 화폐거래가 집중하는 중심지〔예: 런던〕에서 심하며, 여기에서는 공황의 과정 전체를 이해할 수 없게 된다(『자본 3(하)』, 628-629).

그러나 이 자본주의라는 대양의 깊은 심연에는 **노동의 세**

계(The World of Labor)가 존재한다. 종이의 세계가 표층의 세계라면, 노동의 세계는 심층의 세계이다. 종이의 세계가 신용에 기반해 있다면, 이 세계는 추상적 노동에 기반해 있다. 자본주의의 팽창은 자본이 축적되는 과정이고 이에 조응하여 노동의 세계가 확대되는 과정인데, 이 과정에서 불가피하게 종이의 세계 역시 확장되지 않으면 안된다. 왜냐하면 자본주의적 재생산의 확대는 거래 및 지불, 선대 및 투자를 위한 화폐의 증가를 요구하며, 이러한 요구는 오늘날 현대자본주의의 경우 신용의 증가를 통해 충족될 수 있기 때문이다. 그러나 이러한 노동-신용 조응은 언제나 불완전하며, 종이의 세계의 팽창은 빈번하게 오버슈팅(overshooting)으로, 즉 과잉팽창으로 끝맺는다. 자본주의는 이로 인해 어쩔 수 없이 과잉투자와 자산버블을 떠안게 된다. 그러나 자본주의가 이러한 불균형을 계속 감내하는 것은 힘들다. 왜냐하면 종이세계와 노동세계 간의 분리, 혹은 표층과 심층 간의 괴리는 심층의 규정성이라는 체제의 근본 게임규칙을 다시 불러오기 때문이다.

금융공황을 수반한 경제위기는 이러한 불비례와 불균형을 다시 비례와 균형으로 되돌리는 기제이다. 이 과정은 비록 매우 격렬하고 폭력적인 형태를 띠지만, 다시 한번 표층을 심층의 규칙으로 되돌리는데 기여한다. 따라서 경제위기란 일종의 시스템 전체 차원에서 발휘되는 가치의 승인 절차(system-wide validation of value)라고 해석할 수 있다. 개별 상품이 교환을 통과하지 못할 경우 그 상품생산에 지출된 노동이 승인될 수 없듯이, 전체 상품시스템 차원에서도 신용에 의해 창출된 마이너스 가치가 생산과 교환에 의해 창출된 플러스 가치와 쌍소멸되지 못할 경우 이미 제공된 신용은 승인될 수 없다. 요컨대, 위기는 체제의 균형 회복자이다. 따라서 경제위기는 그 자체가 커다란 문제인 동시에, 문제의 해결자이기도 하다. 위기를 거치면서 시스템은 다시 한번 다음 시기의 새로운 출발을 위한 조건을 회복한다. 위기는 종이의 세계, 신용의 세계를 다시 노동의 세계, 실물의 세계로 회귀시킨다. 위기는 **위기를 통해서만 해소된다**. 이러한 위기의 독특한 기능을 위기의 **카타르시스 효과**(cathartic effect of crisis)라고 부른다.[61]

궁극적으로 종이의 세계가 노동의 세계에 의해 규정된다면, 신용화폐를 통한 화폐자본의 팽창의 한계는 주어진 시점

---

61 "그러나 이러한 과정은 그럼에도 불구하고 기능적으로 필요한 (functional) 과정이다. 위기와 불황은 통탄스러운 일상적 위험요소(lamentable routine hazard)가 아니다. 오히려 그것은 자본주의 발전의 과정에서 행운의 사건(fortuitous events)이다. 위기는 생산자의 자유로운 이니셔티브와 경쟁에 기반한 사회에서 주기적으로 이윤율이 회복되고 균형이 재확립되는 메커니즘이다(J. Gouverneur, 1983, 196)."

에서 그 사회에 존재하는 사회적 총노동에 의해 정해질 것이다. 이와 관련하여 마르크스가 복리의 환상을 비판하는 대목은 의미심장하다. 18세기 저술가 프라이스 박사에 따르면

> 복리를 낳는 화폐는 처음에는 완만하게 증가한다. 그러나 증가율은 계속 빨라지므로 일정한 기간 뒤에는 상상도 할 수 없을 정도로 빨라진다. 예수가 탄생한 해에 5%의 복리로 대부된 1페니는 지금쯤 1억 5,000만 개의 지구에 넣을 수 있는 순금보다 더 큰 금액이 되었을 것이다 . . . 예수가 탄생한 해에 (아마도 예루살렘 사원에서) 6%의 복리로 대부된 1실링은 . . . 태양계 전체(토성 궤도의 지름과 동등한 지름을 가진 공으로 가정한다)가 포용할 수 있는 것보다 더 큰 금액으로 증대하였을 것이다(『자본 3(상)』, 503-504).

그러나 종이세계에 대한 노동세계의 규정성에 따르면 프라이스 박사의 기대는 비현실적이다. 정상적인 경우 이자율은 이윤율의 범위 안에서만 증대할 수 있다. 그러므로 이윤율의 기하급수적 증가 없이는 이자에 관한 복리의 마술은 실현될 수 없다. 더 나아가 이윤의 근원은 잉여가치이며 따라서 이자를 포함한 모든 화폐 수익은 노동량(노동시간)에 의해 궁극적으로 제약을 받는다. 잉여가치란 새롭게 창출된 노동가치(순가치)의 일부이기 때문이다. 기술진보에 의해 끊임없이 상품의 단위가치(상품 재생산의 평균적 노동시

간)가 하락하는 것을 고려한다면 제약은 더욱 더 커질 것이고[62] 따라서 프라이스 박사의 기대는 더더욱 실현되기 힘들 것이다.

> 잉여가치와 잉여노동이 동일하다는 사실은 자본축적에 하나의 질적인 한계를 설정하고 있다. 그 한계는 총노동일, 동시에 착취할 수 있는 노동일 수를 제한하는 생산력과 인구의 그때그때의 성장수준이다. 이와는 반대로 잉여가치가 이자라는 무개념적인 형태로 파악된다면, 그 한계는 오직 양적인 것이며 모든 망상이 가능하게 된다(『자본 3(상)』, 508).

다시 종이의 세계 배후에 존재하는 노동의 세계가 승리한다. 결국 표층의 세계는 심층의 세계로 되돌아간다.

7.3 이 모든 것의 의미는?

---

[62] 이와 관련하여 다음을 참고할 것. "모든 우연적인 교란을 무시하더라도, 기존 자본의 대부분은 재생산 과정의 진행에서 끊임없이 크든 적든 가치가 감소한다. 왜냐하면 상품가치를 결정하는 것은 그것의 생산에 처음 든 노동시간이 아니라 그것의 재생산에 드는 노동시간이며, 이 후자는 사회적 노동생산성의 발달에 따라 끊임없이 감소하기 때문이다. 그러므로 사회적 생산성의 더 높은 발달단계에서 모든 자본은 오랜 자본축적과정의 결과로서가 아니라 비교적 짧은 재생산기간의 결과로서 나타난다(『자본 3(상)』, 507)."

인간과 사회의 재생산과정(생산 및 소비) 배후에는 물리적 생물학적 과정이 존재한다. 사회의 영역과 자연의 영역 사이에는 끊임없는 신진대사, 즉 물질과 에너지의 교환이 일어난다. 이 과정에서 우리는 자연이 사회에 가하는 제약과 영향을 결코 무시할 수 없다. 예를 들어 재화의 생산과정의 경우 특정 조건 아래에서 수확체감의 법칙이 작동한다. 생산요소 투입에 병목이 발생할 때, 산출의 증가속도가 점차 둔화되기 때문이다. 또는 인간의 재생산과정의 경우에도 인구의 법칙이 작동할 수 있다. 생계수단이 동일하게 비례적으로 증대하지 않을 경우 개체수 확대를 제약하는 경향이 발생하기 때문이다. 이들 기술과 자연의 법칙들은 특정한 조건 아래에서 어떤 식으로든 인간의 삶과 사회의 운명에 영향을 미친다. 우리는 이것을 부정하기 어렵다.

우리가 살고 있는 이 세계는 다층적인 경계면, 즉 여러 개의 단층선들(fault lines)로 구분되어 있다. 이 세계의 구성 원리에 따르면 하나의 층위는 더 아래 쪽 층위의 규칙에 의해 제약을 받는다. 왜냐하면 후자가 전자에 비해 더 근본적이고, 전자의 기원은 후자에 의존하기 때문이다. 예를 들어 우리의 세계는 자연과 사회라는 구역으로 나뉘어져 있고, 이 사이에 경계 단층면이 존재한다.[63] 자연은 사회에 선행하여 존재하였고, 사회의 재생산에 제약을 가한다.

그러나 동시에 하나의 층위는 다른 층위로 환원 불가능한 고유한 원리 역시 가지고 있다. 하위 층위로 환원 불가능한 상위 층위의 고유한 속성의 발현을 **창발**(emergence)이라고 부른다.[64] 만일 사회적 현상이 모두 물리 생물학적 법칙으로만 환원된다면, 사회는 성립할 근거를 잃게 된다. 이 경우 사회는 무한한 자연의 부속물일 뿐이고, 인간은 다양한 생물 종 가운데 하나일 따름이다. 그러나 인간 사회와 그것의 역사는 자연법칙으로 되돌릴 수 없는 고유한 영역을 갖는다. 요컨대 사회는 창발의 층위에서 자연세게 상위에 위치하는 새로운 단계이다.

따라서 생산과 소비를 둘러싼 사회적 관계는 자연법칙이나 기술규칙과는 상대적으로 독립적이다. 그러므로 인간과 사회의 재생산과정은 그러한 사회적 관계의 관점에서 규명되어야 한다. 사회에 대한 자연의 제약과 규정 역시도 사회적 관계에 의해 매개되어 드러난다.[65] 인간의 재화 생산과정

---

63 자연과 사회 각각 내부에도 하위 구역들이 존재하며, 이들 역시 상이한 단층면들에 의해 구분된다. 예를 들어 자연의 경우 생명권(biosphere), 대기권(atmosphere), 암석권(lithosphere), 수권(hydrosphere) 등으로 구분할 수 있는가 하면, 사회의 경우에도 물적인 토대(base) 영역과 의식적인 상부구조(superstructure) 영역으로 구분할 수 있다.
64 최근 들어 과학자들은 이 창발 현상에 많은 관심을 기울이기 시작하였다. 이에 관해서는 S. 캐럴, 2019를 참고할 것.

에는 분명 열역학의 법칙이나 수확체감의 법칙이 작동한다. 그러나 사회와 다른 층위에서 기원하는 이러한 영향에만 주목할 경우, 우리는 생산의 사회적 성격을 시야로부터 잃게 된다.

우리가 거주하고 있는 이 사회에서 생산은 사회적 분업과 상품 교환, 그리고 잉여가치 생산이라는 독특한 게임 규칙에 의해 진행된다. 우리는 이들 규칙들을 이해하지 않고서는 사회의 구성 및 작동 원리를 이해할 수 없다. 인간의 사고와 행동, 사회의 재생산과 발전은 물리적 입자들이나 생물 유전자의 차원으로 환원될 수 없다. 분업으로 단절되어 있지만 교환으로 다시 결속하는 상품의 사회적 생산과정이나, 경쟁과 축적의 강제로 인해 잉여가치 추출이 이루어지는 자본주의적 노동과정은 결코 수확체감이나 인구법칙으로 설명될 수 없다. 조야한 자연주의(naturalism)가 그림의 전체라고 생각해서는 안된다.

마르크스의 저서 『자본』은 다름아닌 이러한 사회적 관계를 분석하기 위해 저술된 것이다. 요컨대 마르크스가 『자본』 서문에서 자신의 저술 목적이라고 밝힌 '자본주의적 생

---

65 예를 들어 인간은 자연의 재생산력에 영향을 미칠 수 있는 유일한 종이다. 매가 증가한다면 닭의 개체수는 감소하지만, 인간이 증가한다면 닭의 개체수는 오히려 증대한다(H. 조지, 2016).

산양식 분석'이란 다름아닌 자본주의적 생산관계, 혹은 자본주의적 사회관계에 대한 분석이다.

다시 강조하건대, 사회 영역의 고유한 현상과 규칙은 자연 영역으로 환원될 수 없다. 사회적 관계는 선행 단계로부터 창발된 것이다. 우리는 『자본』 독서를 통해서 이 세계의 창발 구조(emergent structure) 가운데 가장 상위에 위치한 사회적 관계를 이해하게 된다. 맹목적인 자연의 법칙을 너머서, 우리가 살고 있는 이 사회는 더 고도한 사회관계에 관한 법칙들을 창발시킨다. 사회적 관계에 대한 『자본』의 분석에 기반해 우리는 이 세계의 가장 상층 단계의 양상을 비로소 이해하게 된다. 이 얼마나 흥미롭고 멋진 일인가!

참고문헌

‖ 국내문헌 ‖

1. 류동민 저, 『프로메테우스의 경제학: 새로운 세대를 위한 맑스경제학 강의』, 창비, 2009.
2. 이채언 저, 『마르크스 정치경제학의 새 발견』, 전남대학교출판부, 2008.
3. 정성진 저, 『21세기 마르크스 경제학』, 산지니, 2020.
4. A. 스미스 저, 김광수 역, 『도덕감정론』, 한길사, 2016.
5. A. 스미스 저, 김수행 역, 『국부론』, 비봉출판사, 2007.
6. A. J. 레텔 저, 황태연, 윤길순 역, 『정신노동과 육체노동』, 학민사, 1986.
7. D. 리카도 저, 정윤형 역, 『정치경제학 및 과세의 원리』, 비봉출판사, 1991.
8. D. K. 폴리 저, 「노동가치이론의 최근 동향」, 김석진 편, 『자본주의의 위기와 역사적 마르크스주의』, 공감, 2001.
9. D. K. 폴리 저, 강경덕 역, 『자본의 이해』, 유비온, 2015.
10. D. 하비 저, 강신준 역, 『(데이비드 하비의) 맑스 자본 강의』, 창비, 2011.
11. D. 하비 저, 강신준 역, 『(데이비드 하비의) 맑스 자본 강의 2』, 창비, 2016.
12. F. v. 쉴러 저, 윤선구 외 4인 역, 『프리드리히 실러의 미적 교육론』,

대화문화아카데미, 2015.
13. F. 윈 저, 김민웅 역, 『자본론 이펙트』, 세종, 2014.
14. H. 마르쿠제 저, 김현일 역, 『이성과 혁명: 헤겔과 맑스』, 중원문화, 2020.
15. H. 조지 저, 김윤상 역, 『진보와 빈곤』, 비봉출판사, 2016.
16. H. 클리버 저, 조정환 역, 『자본을 어떻게 읽을 것인가』, 갈무리, 2018.
17. I. I. 루빈 저, 함상호 역, 『마르크스의 가치론』, 이론과실천, 1989.
18. J. M. 케인스 저, 이주명 역, 『고용, 이자, 화폐의 일반이론』, 필맥, 2010.
19. J. 로크 저, 강정인, 문지영 공역, 『통치론: 시민정부의 참된 기원, 범위 및 그 목적에 관한 시론』, 까치글방, 2007.
20. K. 마르크스 저, 최인호 역, 「마르크스의 1844년 경제학 철학초고, 제3노트, 화폐」, 『칼 맑스 프리드리히 엥겔스 저작선집 1』, 박종철출판사, 1991.
21. K. 마르크스 저, 최인호 역, 「정치경제학의 비판을 위하여」, 『칼 맑스 프리드리히 엥겔스 저작선집 2』, 박종철출판사, 1992.
22. K. 마르크스 저, 김호균 역, 『정치경제학 비판 요강 1』, 그린비, 2007.
23. K. 마르크스 저, 김호균 역, 「마르크스가 하노버에 있는 루드비히 쿠겔만에게」, 『자본론에 관한 서한집』, 중원문화, 1990.
24. K. 마르크스 저, 김수행 역, 『자본론: 정치경제학 비판, I(상)』, 비봉출판사, 2015.
25. K. 마르크스 저, 김수행 역, 『자본론: 정치경제학 비판, 3(상)』, 비봉출판사, 2015.
26. K. 마르크스 저, 김수행 역, 『자본론: 정치경제학 비판, 3(하)』, 비봉출판사, 2015.
27. K. 마르크스 저, 김현 역, 『유대인 문제에 관하여』, 책세상, 2015.
28. K. 폴라니 저, 홍기빈 역, 『거대한 전환』, 길, 2009.
29. M. 라이언 저, 나병철, 이경훈 공역, 『해체론과 변증법』, 평민사, 1994.

30. M. 무스토 편저, 정구현 외 2인 역, 「공산주의」, 『마르크스의 부활: 핵심 개념과 새로운 해석』, 한울, 2022.
31. M. 이토 저, 김수행 역, 『가치와 공황』, 비봉출판사, 1988.
32. M. 하인리히 저, 김원태 역, 『「맑스의 자본」을 어떻게 읽을 것인가?』, 에디투스, 2021.
33. P. M. 스위지 저, 이주명 역, 『자본주의 발전의 이론』, 필맥, 2009.
34. R. L. 미크 저, 김제민 역, 『노동가치론의 역사』, 풀빛, 1985.
35. R. 룩셈부르크 저, 황선길 역, 『정치경제학 입문』, 박종철출판사, 2015.
36. R. 힐퍼딩 지, 김수행, 김진엽 공역, 『금융자본론』, 비르투, 2011.
37. S. 캐럴 저, 최가영 역, 『빅 픽처』, 글루온, 2019.
38. T. W. 아도르노 저, 홍승용 역, 『부정변증법』, 한길사, 1999.
39. T. W. 아도르노 저, 홍승용 역, 『변증법 입문』, 세창출판사, 2015.
40. T. W. 아도르노, M. 호르크하이머 저, 김유동 역, 『계몽의 변증법』, 문학과지성사, 2001.
41. Y. 하라리 저, 조현욱 역, 『사피엔스』, 김영사, 2015.

‖ 국외문헌 ‖

1. A. Lipietz, The Enchanted World: Inflation, Credit and the World Crisis, Verso, 1985.
2. A. Sen, "On the Labour Theory of Value: Some Methodological Issues", Cambridge Journal of Economics, Vol. 2, 1978.
3. A. Shaikh, Capitalism: Competition, Conflict, Crises, Oxford University Press; 2018.
4. A. Sinha, Theories of Value from Smith to Piero Sraffa, Routledge India,

2010.

5. E. Mandel, "Introduction by Ernest Mandel", K. Marx, Capital, Volume I, Penguin Books, 1990.
6. J. Gouverneur, Contemporary Capitalism and Marxist Economics, Rowman & Littlefield Publishers, 1983.
7. K. Marx, A Contribution to Critique of Political Economy, Progress Publishers, 1970.
8. K. Marx, Das Kapital, Erster Band, Dietz Verlg, 1971.
9. K. Marx, Capital, Volume I, Penguin Books, 1990.
10. M. De Vroey, "Value, Production, and Exchange", The Value Controversy, Verso, 1981.
11. M. Itoh, The Basic Theory of Capitalism, MacMillan Press, 1988.
12. W. Leontief, "The Significance of Marxian Economics for Present-Day Economic Theory", American Economic Review, Vol. 28, No. 1, Mar., 1938.